Von Maria Lührs

Midlife Crisis – ich komme!

Oder wie ich in einem Jahr den Sinn des Lebens fand

© 2019 Maria Lührs
Umschlag, Illustration: Svenja Junge
Lektorat, Korrektorat: Maria Lührs
Verlag & Druck: tredition GmbH, Halenreie 40-44, 22359 Hamburg

ISBN
Paperback   978-3-347-12803-3
Hardcover   978-3-347-12804-0
e-Book   978-3-347-12805-7

Inhaltsverzeichnis

Jeder Anfang ist göttlich, magisch – jedes Ende auch. Denn jedes Ende ist immer auch ein Anfang...

Die Kunst ist es, den Weg von der Quelle zur Quelle zurück selbst zauberhaft zu erschaffen - denn wir sind die Schöpfer unseres Seins hier auf Erden!

Monat 1: September – die Sinnsuche beginnt

Midlife Crisis? Als ich seine Frage schon hörte, wurde ich wütend. „Hast du etwa eine?" Midlife Crisis. Als wenn ich schon zwei Drittel meines Lebens hinter mir hätte und nun auf die letzten Meter Lebens zuhumpele. Voller Bitterkeit über jede Falte. Voller Trauer über den Verfall meines Körpers. Voller Zorn über den Jugendwahn! Nein! Oder doch?

Gut, ich gehörte nicht mehr zu der „Hot-Pants-Ich-guck-24-Stun-den-am-Tag-auf-mein-Handy-Generation", aber doch bitte auch noch nicht zu den Klatschblätter-Leserinnen. Ich war fast 45 (man bemerke: nicht NOCH 44!) – also war ich zwischen heiß begehrt und mich schaut keiner mehr an. Immerhin: Als hellblonde, 1,75 Meter große, schlanke Hamburgerin mit einem schweren Lauftick (ich jogge am liebsten jeden Tag) war ich noch ein Blickfang für viele Männer. Mit zwei eineinhalb Liter Plastikwasserflaschen bewaffnet kämpfe ich morgens in der Küche zehn Minuten gegen Winke-Ärm-chen. Und früher, mit um die 30, stieg ich noch täglich auf die Waage, war erschüttert für den Rest des Tages, wenn ich auch nur ein halbes Kilo mehr wog. Heute bin ich wesentlich gelassener – ge-segnet sei das Älterwerden und die Erfahrung – und setze mich dem Horror-Blick auf die Waage nur noch einmal im Monat aus, manch-mal auch lange Zeit gar nicht. Und dennoch fragte ich mich ganz ehrlich tief in mich hinein: Doch eine Midlife Crisis, Maria? Und was heißt das eigentlich? Dass ich in der Mitte meines Lebens innehalte und mich frage: War es das jetzt? Das ist der Sinn des Lebens? Und dass mich diese Frage oft schlecht gelaunt, manchmal gar depressiv werden ließ, weil ich keine Antwort hatte? Oder war es tatsächlich ganz platt gesagt schlicht der Zuwachs an Falten, das Erschlaffen der Haut, das mich in diese Unruhe trieb? Ich spürte nur eines ganz si-cher: Ich war in einem Wandel. Einem inneren Wandel. Nach Win-deln wechseln und bevor das Kind aus dem Haus geht, fragte ich mich in der Tat: War es das jetzt? Kommt jetzt nichts Neues mehr auf mich zu? Wird jetzt das Essen gehen mit Freunden am Samstag-abend mein zukünftiges Highlight sein? Ist arbeiten, Geld verdie-nen, zweimal im Jahr in den Urlaub fahren, tägliches Joggen mit dem Hund der Sinn des Lebens? Oder hatte ich den Sinn schon längst durch die Geburt meines Sohnes erfüllt und war somit eigent-lich überflüssig? Was war oder ist der Sinn des Lebens? Letztere Frage wiederholte sich in meinem Kopf zunehmend – nur eine Ant-wort blieb dieser Frage schuldig.

Schon in den Jahren zuvor hatte ich versucht, das innere Vakuum zu füllen, ohne dass ich mir die Sinn-Frage bewusst gestellt hatte. So begann ich an der Volkshochschule Spanisch zu lernen, im Fitness Club alle möglichen Kurse auszuprobieren, als da waren Qi Gong, Pilates, Zen-Meditation, Tai Chi und Zumba. Nun: Spanisch erwei-terte zumindest sprachlich meinen Horizont und machte mir auch echt Spaß. Noch mehr Spaß machte mir aber Zumba, da ich Tanzen schon immer sehr geliebt habe. Die Mischung aus Salsa-Rhythmen und Schrittfolgen macht mich glücklich. Doch leider nicht nachhal-tig…

So begann ich Ratgeber zu lesen: So finden Sie ihr Glück – so finden sie ihre Mitte – wer bin ich wirklich. Nun ja, in dem einen oder an-deren Buch fand ich tatsächlich eine recht spannende Anleitung zum inneren Strahlen. Mit den beiden Büchern von John Strelecky „Das Café am Rande der Welt" (Untertitel: Eine Erzählung über den Sinn des Lebens", 128 Seiten, dtv Verlag) und „Wiedersehen im Café am Rande der Welt" (Untertitel: Eine inspirierende Reise zum eige-nen Selbst, 288 Seiten, dtv Verlag) fand ich wunderbare Wahrheiten und Anregungen. In beiden Büchern geht es unter anderem darum, wieviel Zeit man mit Dingen verbringt, die man gar nicht gerne tut und wie viele Dinge man hat, die einen eigentlich nicht glücklich machen. Bleibt die Frage: Was zählt wirklich für mich? Was erfüllt MICH wirklich? Was ist wirklich wichtig? Wunderbarste Aussage der beiden Bücher für mich: Das ganze Leben ist DEIN Spiel und du spielst dein Spiel auf deinem Spielplatz. Nutze diesen für dich so, wie du magst. Tue die Dinge, die dir Freude bereiten, dich bereichern, schaue tief in deine Seele – welcher Beruf, welche Hobbies, welche Dinge dich wirklich erfüllen und tue sie. In John Streleckys Buch „Reich und Glücklich" (Untertitel: Wie Sie alles bekommen, was sie sich wünschen, 320 Seiten, dtv Verlag) wird es dann noch konkreter. Mit speziellen Fragen und Überlegungen, die du notieren sollst, erfährst du Dinge über dich selbst – zum Beispiel gibt es eine Werte- und eine Antiwertetabelle, in der du dich entscheiden sollst, welche zehn Dinge für dich wichtig sind. Außerdem hilft ein „Mein Reich und Glücklich Kalender" inklusive Tipps, wie man besser atmet, positiv denkt und motiviert ist. Es wird einem ein regelrechtes Konzept an die Hand gegeben, das mit der Umsetzung echten Erfolg verspricht.

Nun: Aus diesen drei Büchern zog ich das eine oder andere und setze es auch heute noch um – immerhin! So habe ich zum Beispiel das Wort MUSS in meinem Hirn und aus meinem Wortschatz weitgehend gestrichen. Stattdessen wähle ich die Wörter DARF oder KANN oder MÖCHTE oder auch SOLLTE. Das gelingt mir nicht in jeder Minute - und dennoch: Oft bin ich mir meiner Wortwahl heute bewusster und in der Tat – das macht eine Menge mit mir.

Als Journalistin liegt mir die Sprache natürlich sehr am Herzen. Denn wie oben erwähnt: Sie macht etwas mit uns. Nehmen wir einmal den Satz: Ich gehe arbeiten. Ersetze ich aber das Wort arbeiten durch das süddeutsche Wort schaffen (von Er-schaffen) gebe ich meinem Hirn eine ganz neue Information. Arbeit gleich ach je! Erschaffen gleich super! Oder nehmen wir das Wort Umwelt – es suggeriert uns, dass die Natur um uns herum ist, uns nicht wirklich tangiert. Viel sinnvoller wäre das Wort Mitwelt, denn alles um uns herum ist ja unsere Mitwelt, sie ist mit-uns. Oder unser Dasein – wieso denn Da-Sein? Wir sind doch Hier! Es müsste also unser Hiersein heißen. Oder jemandem einen Ge-fallen tun – ich falle also, wenn ich jemandem etwas Gutes tue? Es müsste eher einem behilflich sein heißen. Krankenhaus sagt unserem Gehirn: In dem Haus werde ich krank, es sollte somit viel eher Gesundhaus heißen. Oder nehmen wir das schöne Wort Entsorgungspark alias Müllhalde. Der Entsorgungspark impliziert uns: Da können wir unsere Sorgen lassen in diesem netten Park. Ha-Ha! Es gibt sogar ein Volk (ich glaube, es lebt irgendwo im Regenwald), das in seiner Sprache keine Possessivpronomen kennt, also keine besitzanzeigenden Fürwörter. Herrlich: Ein Leben ohne mein, dein, sein – alles ist unser. Was mich weiter zu dem Exkurs einlädt, über die Frage nach wahrem Glück nachzudenken. Laut einer Studie war bis zum Jahr 2015 (da gab es einen heftigen tropischen Wirbelsturm) jahrelang das glücklichste Volk der Erde auf der Südseeinsel Vanuatu zu finden. Ein Einheimischer der Insel begründete dies so: „Die Menschen hier sind glücklich, weil sie mit wenig zufrieden sind. Das ist ein Platz, wo man sich keine Sorgen machen muss." Die Menschen arbeiten dort nicht allzu viel und feiern dafür umso mehr. Ein enger Familienzusammenhalt, viele Freunde und natürlich auch das kontinuierlich warme Wetter sorgen dafür, dass auf Vanuatu mehr gelächelt als miesepetrig geschaut wird.

Und zu lächeln, ist übrigens gar nicht so schwer: Ein schöner Gedanke, ein tiefes Einatmen - und dann einfach lächelnd ausatmen. Fertig. Das lässt nicht nur die eigenen Glückshormone sprießen, sondern verführt auch entgegenkommende Menschen zu einem Lächeln. Mein Vater hatte und hat stets den Ansatz, Menschen um sich herum zum Lächeln zu bringen. Gerade die schlechtgelaunte Kellnerin, die traurig aussehende Kassiererin, die völlig gestresste Arzthelferin waren und sind gerngesehene „Opfer" für seine Mission – die meinem Papa übrigens stets gelang und auch heute noch gelingt. Mit etwas Charme, einem ehrlichen Kompliment oder einer witzigen Anekdote kriegt er sie alle, was wundervoll mit anzusehen ist. Das Schöne dabei: Es macht nicht nur den anderen glücklich, sondern auch einen selbst, denn Geben ist genauso selig machend wie Nehmen. Und apropos Glück: In dem kleinen buddhistischen Land Bhutan, das ebenfalls ganz oben bei den glücklichsten Ländern der Welt rangiert, steht an erster Stelle für die Regierung nicht das Bruttosozialprodukt sondern das Bruttonationalglück! Kein Witz, es gibt sogar einen eigenen Glücksminister, der für das Glück der Einheimischen dort sorgt. Die Menschen in Bhutan sind zufrieden, so gut wie nie krank, weil auf ihre Bedürfnisse wirklich Acht (magische Zahl übrigens!) gegeben wird.

So stellte ich mir noch einmal die Frage, was MICH denn eigentlich glücklich macht? Die wiederkehrende Frage in den Büchern, was meine „Big Five for Life" sind, brachte mein Jahr des totalen Umbruchs dabei so richtig in Gang. Noch nie gehört? Dabei geht es um die fünf Dinge im Leben, die man unbedingt (noch) gerne tun möchte. Natürlich fiel mir da einiges ein, das sich aufgrund stetigen Geldmangels nicht umsetzen ließ. Nicht, dass ich je schlecht verdient hätte, nur gab ich mein Geld auch gerne ebenso schnell wieder aus. Nicht für Mode oder Schuhe – ein Fashion-victim war ich nie – sondern für Reisen, gutes Essen und guten Wein. Letzteres war schon immer mein Laster. Glücklichsein hieß stets für mich: An einem fremden, warmen Ort in der Sonne am Meer zu sitzen mit einem Glas guten Weißwein in der Hand. Oder einem Rosé. Oder einem Aperol-Spritz. Oder einem leckeren Cocktail. Und am besten das Ganze mit einem tollen Mann oder einer Freundin an der Seite. Tatsächlich auch heute noch traumhaft schön! Doch mit diesem kostspieligen Lebenswandel ließ sich meine Number one der Big Five von mir nicht verwirklichen: eine einjährige Weltreise! Da ich nicht mehr wie oben erwähnt unter den Rucksack-traveler-twenty-up anzusiedeln bin und auch für mein schulpflichtiges, 12jähriges Kind so eine Reise eher ein schwieriges Unterfangen wäre. Aber da gab es noch andere große Seelenwünsche in mir. Wünsche, die ich schon lange hegte, nie erfüllt hatte und die sich eigentlich leicht umsetzen ließen. Und wer weiß, dachte ich mir, ob mich morgen nicht auch ein Verrückter erschießt oder die Erderwärmung für meinen Untergang sorgt.

Mit Wunsch Nummer 2, der zu meinem ersten wurde, begann meine innere Veränderung auch in der Tat: Ein Fallschirmsprung aus einem Flugzeug. Sofort setzte ich mich an mein Internet und googelte los. Dort fand ich schließlich einen geeigneten Flugplatz in der Nähe von Itzehoe „Hungriger Wolf" mit vielen Lizenzspringern und einer Schule mit langjähriger Sprungerfahrung. Ich buchte per Telefon einen Termin und fuhr zwei Wochen später höchst freudig erregt hin. Jahrelang hatte ich darauf gewartet, dass mir einer meiner Lebensabschnittsgefährten mal diesen Wunsch zu einem Geburtstag erfüllen würde - sprach diesen Wunsch natürlich auch häufiger aus - irgendwie leider nur ohne Erfolg. Jetzt schenkte ich mir diesen Traum zu meinem 45. Geburtstag im Vorwege sozusagen selbst und fühlte mich dabei wirklich großartig.

Am Flugplatz angekommen bei strahlendem Sonnenschein hieß es erst mal: eine Stunde warten. Die Crew hing dem Zeitplan mächtig hinterher und damit stieg meine Nervosität. Mein bereits langsam in die Pubertät kommender Sohn Julius war gelangweilt und genervt und auch mein Lebensgefährte Jan war alles andere als sprühend vor Freude. Wie so häufig in letzter Zeit stänkerte er herum: „Ich beneide dich ja so, warum hast du mich nicht früher eingeweiht, ich wäre auch so gern gesprungen" – dazu sollte man wissen, dass er zuvor stets betonte, er habe Flugangst. Jahrelang hatte ich mir einen Fallschirmsprung von ihm gewünscht, den er mir nicht schenkte mit der Begründung, er habe Angst, dass etwas passieren könnte, er hätte das geträumt. Hinzu kam, dass er mit seinen 112 Kilo ohnehin zu viel für einen Tandemsprung wog, er somit erst mal 22 Kilo hätte abnehmen müssen. Zu seiner Verteidigung muss ich hier erwähnen: Es handelt sich bei Jan um einen 1,93 Meter großen Kerl, der breit gebaut ist und nicht aussieht wie ein Klops. Massig und kräftig wäre wohl die passende Beschreibung.

Schließlich wurde ich aufgerufen. Der Flugbegleiter bei meinem Sprung sei Robbie, sagte man mir, Chef-Tandempilot und Holländer. Er sah aus wie König Drosselbart und wir fanden auf Anhieb einen lustigen Draht zueinander. Nach kurzer Anweisung, wie ich zu springen, fliegen und zu landen hätte, ging es dann auch mit vier anderen Paarungen und ohne Wohnwagen ins Flugzeug. Auf 4000 Meter Höhe öffnete sich schließlich die Tür, wir robbten mit unserem Fallschirm aneinander gepresst nach vorn und an der Kante mit dem Blick auf den freien Fall fragte mich mein Märchenprinz: Bist du bereit? Für ein Ja meinerseits blieb keine Zeit, da war ich schon im freien Fall. Adrenalin pur, viele Sekunden lang fielen wir gen Erde, für mich Augenblicke voller gemischter Gefühle zwischen Ahhh, ich sterbe und Geil-Geil-Geil oder was tue ich nur hier und einem Juhu-ich-fliege Gefühl. Dann öffnete sich der Fallschirm und wir glitten langsam bis zum Boden. Ein unbeschreiblich tolles Gefühl, das auch 30 Minuten später noch ein Lächeln auf meine Lippen zauberte und das ich einfach nicht wegbekam. Ich hatte es getan! Und es war großartig.

Intermezzo: Die Männersuche

An dieser Stelle möchte ich einen kleinen Ausflug anbieten. Denn bei dem oben erwähnten Thema Internet, das uns ja heutzutage suggeriert, alles ist möglich und findbar, möchte ich von Erlebnissen erzählen, die wohl schon einige Westeuropäer/innen erlebt haben: Es geht um die Suche nach dem Traummann/frau. Da sich viele Paare zwischen 40 und 50 trennen - Kind noch soweit es ging zusammen „groß gemacht", dann wird Frau durch jüngeres Spielobjekt ersetzt ist eine häufige Variante - wird Mann bzw. Frau Nummer 2 meist in dieser genialen technischen Errungenschaft gesucht. Hier gibt es den Traumpartner für jeden Geschmack. Je nach Haltbarkeit stets austauschbar und durch neues, besseres Exemplar ersetzbar. Welch Trugschluss! So suchten auch drei meiner Freundinnen ihren Kerl für die Lebensmitte über ein Paarportal – gar nicht mal unbedingt mit der Intention, den Wolke7-Traum zu finden, sondern eher die Wolke5, also einen, mit dem man gut auskommt und einigermaßen zusammen passt. O-Ton Stefanie: „Nun, wir lieben uns zwar nicht, aber ich bin manchmal gerne mit ihm zusammen und ich will nicht mehr allein sein". Tatsächlich fassten sich die zwei unturteligen Tauben nicht mal zu Beginn ihrer Beziehung an. Kein liebevoller Blick, kein Kuss, kein schmachtendes Händchenhalten war zu sehen. Nun ja, zweisam einsam könnte man sagen. Und dennoch fand ich ihren Entschluss, bei ihm erst mal zu bleiben, durchaus verständlich. Jahrelang hatte sie zuvor vergebens gesucht, kam über ein zweites Date eigentlich nie hinaus. Dabei war Stefanie früher Model gewesen, sprich, eine echt schöne Frau. Und auch heute noch, mit 50, sieht sie toll aus. Zugegeben die sogenannten Modelmaße, die ohnehin für Frauen in der Lebensmitte nur mit hartem Hungern erreichbar sind, hat sie nicht mehr, und ein paar Fältchen mehr zieren ihr Gesicht, und doch ist sie eine schöne Frau: groß, schlank, braune, schulterlange Haare und strahlende blaue Augen. Eine Frau, auf die Männer fliegen - stünden ihr nicht immer wieder ihr Zynismus und ihre Wut im Weg. Zwischenzeitlich hatte sie einen tiefen Hass auf alle Männer, und die Zornesfalte auf ihrer Stirn ließ eigentlich jeden warnen: sprich mich ja nicht an! Dabei ist sie lustig, intelligent, ehrlich. Nur eben enttäuscht. Tief enttäuscht von den Ungerechtigkeiten des Lebens. Die große Liebe? Sie blieb ihr Traum. Bereits ihre Ehe mit Mitte 20 war kurz und schmerzvoll, was danach kam? Nur Elend. Oder nichts. Meist war sie Single, zwischendurch sorgte ein verheirateter Mann für kurzes Glück. Ein Glück, das mehr aus Tränen bestand, denn immer wieder versprach er ihr, sich von seiner Frau für sie zu trennen. Sie sei seine wahre Liebe. Kennst du? Na, dann kennst du auch das Ende dieser Romanze: Seine Frau bescherte ihm ein weiteres Kind, der Mann blieb, verließ sein Objekt der Begierde, meine Freundin. Nichts für Hollywood also!

In dieser Dreier-Konstellation, die über zwei Jahre ging, war Stefanie meist sehr gereizt und baute nah am Wasser. Denn es wurde ihr bewusst, dass sie außer einer anfänglichen kinderlosen Kurzzeit-Ehe mit Mitte 20 eigentlich immer Single gewesen war. Sie entschloss sich nach den erfolglosen und herzbrechenden zwei Jahren mit dem verheirateten Mann, von nun an keinen Sex mehr zu haben. Sowieso sei sie am liebsten allein und brauche niemanden. Sagte sie. Nun ja. Sagte sie. Eine Weile ist das für eine Frau mit großem Sexualtrieb machbar. Jedoch nicht lange. Immer wieder lernte sie den Typ Mann kennen, dem man schon von weitem ansah: Arschloch! Sorry, für diese Ausdruckswahl, aber auf der Suche nach einem charmanteren und dennoch passenden Ausdruck fiel mir kein überzeugender ein. In ihrer Verzweiflung war sie sogar schon einmal so weit, dass sie meine Hilfe in Sachen Männerwahl erbat. „Ich habe da einen guten Blick", sagte ich ihr in einer Disco eines Abends, zugegeben schon mehrere Jährchen her. Ich fand auch einen, der meines Erachtens Gutes versprach. Es war der Typus Mann, dem Frau jedes Auto sofort abkaufen würde – braune, treue Augen, nettes Lächeln, gut angezogen, dabei aber nicht schnöselig. Eine Mischung aus Tom Cruise und Horst Lichter. Dachte ich! Die beiden lernten sich kennen und wir erfuhren: Der Mann ist Kinderarzt. Unser Frauenaustausch-blick sprach Bände: „Klingt ja endlich mal gut". Doch bereits bei ihrem ersten Rendezvous einige Tage später entpuppte sich Mr. Weiße-Weste-guter-Kerl als glatte Enttäuschung. Die zwei gingen in ein Sushi-Restaurant. Er bestellte eine riesige Platte des rohen Fisches und aß in einer ich-bin-auf-der-Flucht-Manier. Stille trat ein. Am Kennlerntag eine recht unangenehme. So sagte Stefanie: „Du scheinst ja sehr viel Hunger zu haben, so schnell wie du isst." Darauf seine Antwort (kein Scherz!): „Mit dem Essen halte ich es wie mit den Frauen – möglichst schnell, möglichst viele." Eins. Zwei. Drei. Hatte er das jetzt wirklich gesagt? Wieder Stille. Zweiter Versuch Stefanie: „Kinderarzt ist ja ein toller Beruf. Kindern zu helfen, muss wundervoll sein." Seine Antwort: „Ich bin doch nicht Kinderarzt geworden, um Kindern zu helfen. Ich bin Arzt geworden, um viel Geld zu verdienen und möglichst viele Krankenschwestern zu ficken." (Original-Ton! Sorry). Stefanie sah sich nun geistig schon allein bei sich zu Hause, konnte das Ende des Abends kaum noch erwarten. Man zahlte, ging. Draußen war eine lauschige Sommernacht, inklusive Sternenhimmel und Alsterblick. Stefanie: „Sieht das nicht schön aus, wie sich der Mond im Wasser spiegelt? Herrlich!" Seine Antwort: „Du willst ja wohl jetzt nicht romantisch werden. Was ist – gehen wir zu dir oder zu mir?" Darauf Stefanie: „Du gehst zu dir, ich zu mir. Ich wünsch dir noch ein schönes Leben."

Gut. Es war das letzte Mal, dass ich ihr Tipps in Sachen Mannsuche gab. Trotzdem folgten für Stefanie viele Jahre als Single, gepaart mit kurzen Vergnügen ohne echtem Wert. Bis der besagte letzte Mann – Wolke Nummer 5 - ihr über das Internet begegnete und endlich, endlich bereit war, zumindest eine Pseudo-Form von Partnerschaft mit ihr zu beginnen. Nun: Aber vielleicht muss es auch gar nicht immer Wolke 7 sein, vielleicht reicht es manchmal, sich in einem Schicksal vereint zu fühlen. Und das taten die zwei - bewusst oder unbewusst ganz gewiss. Beide fühlten sich, als sie sich das erste Mal trafen, vom Leben, vom Schicksal, betrogen. Ungnädig behandelt. Er, weil er mit 48 seinen Job verlor und nochmal ganz von vorne anfangen musste (durfte?). Sie, weil ihr die große Liebe versagt blieb. Das Wundervolle dabei: Manchmal ist es auch die Zeit, die aus einem Wolke 5 Paar ein Wolke 6 oder 7 Paar macht - die aus zwei einsamen Herzen ein sich liebendes Paar schmiedet. Heute – vier Jahre später – ist das wundervoll bei den beiden mitanzusehen. Inzwischen wohnen sie zusammen und verstehen sich bestens. Es ist sozusagen eine Liebe auf den 7. Blick! Nicht nur das Leben sondern auch die Liebe ist eben bunt...

Meinem besten Freund Ralph, den ich seit ich 10 war wie einen Bruder kenne, erging es in jedem Fall – wenn auch in anderer Weise - nicht viel besser. Bei der Auswahl seiner Traumfrau via Internetsuche klang er so: „Ich habe bei meiner letzten Freundin so gelitten, weil ich so verliebt war. Diese jetzt tut mir wenigstens nicht weh, weil die Gefühle nicht so stark sind. Ist aber oft ganz schön, mit ihr etwas zusammen zu unternehmen. Und ich bin nicht allein." Ralph ist der Typ Mann, der das sogenannte Helfersyndrom hat. Ein echt lieber Kerl, der Yoga macht, Frauen versteht, spirituell ist und den man immer gerne um sich hat! Seine Halbglatze trägt er ohne zu murren und wenn er sich über etwas freut – wie über einen auf ihn zulaufenden schwanzwedelnden Hund – dann strahlt und lacht er wie ein kleiner Junge am Heiligabend. Wundervoll! Wirklich eine Seele von Mensch! Und immer, immer sucht er sich garantiert den Typ Frau heraus, der viele Probleme hat und Tränen verspricht. Schon die erste Freundin, Nadine, die er damals hatte, als er Mitte 20 war, litt an Depressionen, hatte Borderline und endete in der geschlossenen Psychiatrie. Jahrelang hatte er alles versucht, um sie vom Selbstmord abzuhalten. Bis er dann wirklich keine Kraft mehr hatte und sie verließ. Die nächste Auserwählte trug zwar einen anderen Namen, war aber ähnlich drauf. Mal zu Tode betrübt, dann wieder himmelhochjauchzend. Meistens aber kurz vor dem Suizid. Menschen, die am Rande des Lebens gehen und die auch Ralph leider nicht retten kann. Nun, nach vielen Tränen und einigen Therapien war er an diesen Punkt gekommen und fand im Internet oben beschriebene Frau, die ihm nicht wehtat, aber auch nicht wirklich berührte. Noch heute sind sie ein Paar. Mal mehr. Mal weniger. Denn immer wieder überlegt er, sich zu trennen, wäre da nur nicht die Angst vor der Einsamkeit. Mit Christine aus dem Internet lebt er inzwischen zusammen.

Doch auch hier darf ich einen Hoffnungsschimmer setzen: Nach mehreren Jahren der Findung als Paar scheinen sich die zwei unglaublich nahe gekommen zu sein. Das Verständnis, dass jeder, geprägt durch seine Vergangenheit, leichte Macken hat, wächst. Vor kurzem gestand sie ihm unter Tränen, dass sie ihn liebt – ein bewegender Moment. Ob es die sogenannte große Liebe ist? Wer weiß. Doch vielleicht ist dies auch gar nicht immer wo wichtig oder erstrebenswert. Vielleicht ist auch hin und wieder einfach die Einsicht und die Fähigkeit wichtig, zu wachsen, Kompromisse einzugehen und schlicht, das Gute im anderen zu sehen. Und das kann Ralph zweifelsohne. Denn Christine ist genau das Gegenteil von dem, was er eigentlich mag. Sie ist dominant, alles andere als spirituell und liebt Sex nach dem „Wambamthankyoumam"-Prinzip, das normalerweise Porschefahrende Männer mit wenig Hirn bevorzugen – ich weiß, ein Klischee! Ein blödes Vorurteil! Aber auch Klischees kommen ja irgendwoher, oder? Und so eine Frau ist nun bei dem zarten Ralph! Der die richtige Stimmung für Sex braucht. Der sich viel Gefühl wünscht und ein langes Vorspiel. Zwischendurch klagte er sogar, dass nichts mehr bei ihm ginge und in seiner Verzweiflung suchte er einen Arzt auf. Doch die Ursache – ist uns klar – lag nicht im medizinischen Bereich, sondern mental begründet. Zuvor, sagte Ralph, habe er nämlich diese Schwierigkeiten nie gehabt. Skurrile Welt!

Und dann wäre da noch meine Freundin Silke. Bis vor fünf Jahren war sie verheiratet und das ziemlich lang. Ihr Ehemann, Typ Manager, dicker Bauch, Glatze, viiiel Testosteron, verließ sie von Heut auf Morgen. Ohne dass sie auch nur etwas ahnte – am Abend zuvor hatte man noch einen Spiele-Pärchenabend gemacht – da sagte ihr Mann Thomas: „Ich trenne mich von dir. In einer Woche ziehe ich aus. Ich habe bereits eine Wohnung." Für meine Freundin Silke brach eine Welt zusammen. Die gemeinsame Tochter befand sich zu dem Zeitpunkt gerade mitten im Abitur und, irgendwie kaum verwunderlich, fiel sie dann durch. Der sehr viel jüngere gemeinsame Sohn Leo weinte und weinte. Eine Erklärung für seinen Vollzug? Die bekam sie bis heute nicht. Und vermisst diese logischerweise inständig. Das Wieso nicht zu kennen, ist grausam. „Er konnte noch nie über Gefühle sprechen" ist das einzige, was ihr blieb und vielleicht die Idee, dass im Bett auch schon sehr lange sehr wenig lief. Testosteron funktioniert eben auch nicht überall und zu jedem Zeitpunkt. Der Schock sitzt ihr bis heute tief in der Seele, dachte sie doch bis zu dem besagten Spiele-Abend, dass ihre Ehe eigentlich ganz okay wäre. Ein Jahr als Single folgte, auf kostenlosen Internetportalen begann ihre Suche nach einem Ersatzspieler. Doch für Frauen ab 50 scheint es besonders schwer zu sein, weder einem Mann mit einer Vollmeise zu begegnen noch einem, der eigentlich dringend eine Krankenschwester benötigt. Dabei handelt es sich bei Silke um eine schlanke, schwarzhaarige, sportliche Frau, immer noch echt flott und vor allem voller Power. Doch ständig hatte sie es bei ihren ersten Telefonaten mit leidenden Männern zu tun. Der eine litt psychisch unter der Trennung von seiner Frau, den Kindern und vor allem unter dem Verlust seines Geldes. Die anderen Herren plagten körperlich mal Krebs, mal Hüftprobleme, Magenbeschwerden oder Herzkrämpfe. Irgendwann bei Krankheits-Telefonat Nummer zwölf fing Silke nur noch aus tiefstem Bedürfnis heraus an zu lachen, der legte völlig wütend auf - klar, wer als Frau die Leiden von Männern nicht ernst nimmt, ist draußen. Die bekommt kein Foto, um es mit Heidi Klum auszudrücken. Schließlich jedoch geschah ein kleines Wunder. Ein Mann schrieb sie an mit relativ kleinen Gebrechen, mit relativ kleinen Meisen und relativ kleinen psychischen Schäden. Man schrieb hin und her. Man telefonierte hin und her. Man traf sich hin und her. Und begann schließlich das Modell, das allgemein Beziehung genannt wird. O-Ton Silke: „Er ist nett zu meinem Sohn. Und ich bin froh, dass sich überhaupt noch jemand für mich interessiert. Die wollen doch alle nur ganz junge Frauen oder welche, die sie den ganzen Tag bemuttern. Er ist zwar sehr still, aber was soll's. So bin ich nicht allein."

Inzwischen ist dieses Wolke 5-Paar seit vier Jahren zusammen und doch hat man bei einigen Treffen mit den beiden das Gefühl, dass gleich einer den Schlussstrich zieht und geht – hätte man doch nur nicht schon so viel in die gemeinsame Wohnung investiert! Vor kurzem kam es zur Krönung. Nachdem Silke schon mehrfach in seinem Beisein von ihrem Exmann schwärmte, sagte, dass sie an ihm das Temperament vermisse, teilte sie uns nun mit – ebenfalls in seiner Gegenwart! - sie könne mit ihm überhaupt nicht lachen. Das saß! Mal ehrlich: Kein guter Sex? Nun ja. Ein Mann, der sehr still ist? Okay. Aber einer, mit dem man überhaupt nie lachen kann? Ich bin dann mal weg! Wir erwarteten eigentlich (mal wieder) per SMS von einer Trennung der zwei zu hören, doch bis heute hält die Achterbahnfahrt der beiden an. Ist auch hier wie bei so vielen Paaren die Angst vor dem Alleinsein (man nehme das Wort einmal auseinander, dann verliert es seinen Angst-Mach-Faktor: All-ein-sein, sprich: wir sind alle eins!) der Grund, an der Beziehung festzuhalten? Oder hat man einfach zu viel gemeinsam investiert – und dies ist nicht nur finanziell gemeint? Oder sind es doch tiefe Gefühle, die das Paar zusammenhält? Ich wage mir da kein Urteil – schon gar nicht jemanden zu verurteilen…

Also: Wer weiß. Und gerechterweise möchte ich hinzufügen, dass es natürlich immer gute und schlechte Zeiten gibt. Bei jedem Paar. Vielleicht führt auch hier erst der Weg zum gemeinsamen großen Glück. Vielleicht ist auch bei diesem Paar die Liebe eine Sache, die sich nach und nach entwickelt. Und vielleicht gibt es in unserem Alter – und damit meine ich Menschen über 40 – einfach nicht mehr den großen Knall wie bei „Twilight", als Bella das erste Mal ihren Vampir Edward in der Tür erblickt. Wie bei „Legenden der Leidenschaft", wie bei „La Boum – die Fete" oder „Dirty Dancing – ich habe eine Wassermelone getragen". Mal ehrlich: Gott, war das schön damals, oder? Die erste große Liebe mit 16? Unvergesslich. Bei mir gab es das Feuerwerk mit 1000 Raketen und den später dazugehörenden tiefen Herzschmerz mit Tränen über Tränen. Wundervoll! Aus heutiger Sicht wundervoll wohlgemerkt. Denn Liebe zu fühlen, wie auch immer geartet, ist herrlich. Nun: Vielleicht sollten wir also heute einfach weniger romantische Filme gucken und uns mehr mit dem anfreunden, was ist. Wähle, was sich zeigt! Schließlich hat dieses Prinzip schon in der Vergangenheit oft funktioniert, ich möchte an dieser Stelle einmal daran erinnern, dass es die sogenannte Liebesehe noch nicht besonders lange gibt. Noch vor gut 100 Jahren war man davon überzeugt, die Eltern könnten für ihre Kinder den besseren Partner finden (in manchen Erdteilen ist das heute noch so) – die Liebe, die käme dann schon mit der Zeit. Viele dieser Ehen waren nicht unglücklich, vielleicht führte also erst die Idee, es müsste da noch mehr geben als ein „wir passen aus mehrerlei Gründen gut zusammen" zu unserem heutigen Unglück, ständig auf der Suche nach Mr. Big zu sein? Vielleicht sind unsere Erwartungen einfach zu hoch? Keine zu haben, wäre natürlich der Königsweg, aber wer schafft das schon? Ich weiß noch, als ich 15 war, da musste mein Mr. Big genau drei Dinge können/sein: Gut aussehen, mindestens eine Klasse über mir sein und gut Fußball spielen können, sprich begehrt sein. Wieviel ist seitdem dazugekommen? Viiiel! Gut: Fußball spielen muss der Traummann heute nicht mehr und älter sein auch nicht, und dennoch ist die Check-Liste lang und ich denke, dir geht das nicht anders. Der Mann in meinem Fall sollte spirituell sein, gerne spielen und tanzen, gebildet und lustig sein, einfühlsam und männlich, verständnisvoll und geistig bereichernd. Er soll mich überraschen und nicht langweilen, sportlich sein und gerne reisen. Er darf nicht arm sein, muss meinen Sohn mögen. Hundelieb sein, denn ich liebe meinen Hund über alles. Er sollte generell mir ähnlich sein, sich gerne weiterentwickeln und, und, und. Und so hat sicherlich jeder seine eigene Traummann/frau-Liste im Kopf mit dem dazugehörigen Wissen, dass es so eine eierlegende Wollmilchsau nicht gibt und man ja auch selbst nicht als Mensch vollkommen ist (unsere Seele ist vollkommen, doch in unserem Mensch-Sein vergessen wir das leider immer wieder). Gut ist es jedoch, so eine Liste immer mal wieder bewusst zu überdenken und sein Glück in sich selbst zu suchen. Denn nur dort kann man sein eigenes Glück finden.

Um diesen Monolog mit mir selbst an dieser Stelle abzuschließen, kann ich nur eins sagen: Ich weiß nicht, ob die Ehen früher besser oder schlechter waren, möchte das auch gar nicht beurteilen. Ich weiß nur, aus heutiger Sicht möchte ich nicht mit den Paaren vor 150 Jahren tauschen. Lies nur mal „Effi Briest"! Ein Hoch auf die weibliche Freiheit an dieser Stelle! Auch die finanzielle! Denn – und das sollten wir nie vergessen - erst seit 1977 dürfen die Frauen in Deutschland ohne die Zustimmung ihres Mannes arbeiten, erst da wurde dies gesetzlich neu geregelt. Und es ist gerade mal einhundert Jahre her (1919), dass Frauen in Deutschland wählen dürfen.

Doch zurück zu unseren heutigen Paaren und Paar-Suchern. Wenn du nun denkst, das glaube ich alles nicht, was Stefanie, Ralph und Co. erlebten, dann kann ich nur sagen, meine Freundin Renate schießt zum Thema Männer wahrlich den Vogel ab. Sie ist nun schon im vierten Jahr bei einer kostenlosen Internet-Paarsuche unterwegs. Auch sie ist über 50, hat tolle Augen wie die eines Husky, ist klein, zierlich, Typ Frau „Beschütz mich bitte, ich bin lieb und tu nichts". Also eigentlich der Typ Frau, der bei vielen Männern heiß begehrt ist. Sie lässt sich lange ausnutzen, macht zu lange alles mit, um dann am Ende festzustellen, dass auch dieser Kerl mal wieder ein Reinfall war. Doch vielleicht muss ich sagen: Sie WAR dieser Typ Frau, denn inzwischen ist sie so frustriert von der Männerinternetwelt, dass dies zumindest zu einer wichtigen Erfahrung geführt hat: Sie schaut jetzt genauer hin. Sie geht früher, und sie hat tatsächlich gelernt, auch mal Nein zu sagen und bestimmte Kerle eiskalt nach einem Date stehen zu lassen. Ehrlich: Vor zwei Jahren hätte ich das Renate niemals zugetraut – und sie sich übrigens auch nicht. Doch immer wieder versprechen ihr bereits beim ersten Date die Männer, sie sei die große Liebe, um im zweiten Satz zu fragen, ob man denn nun zusammen Spaß haben wolle in der Horizontalen. Interessant dabei ist, dass viele Hochstapler in diesen Netzwerken Hochkonjunktur feiern. Immer wieder erzählt sie mir von Männern, die teuerste Autos fahren, teuerste Klamotten und Uhren tragen, würde man diese dollen Erfolgsmenschen aber zuhause besuchen, springe einem die bittere Realität ins Auge. Der Letzte hatte eine Ein-Raum-Klitsche so klein wie ein größerer Schuhkarton ohne Küche, ohne Couch, fuhr aber einen Audi A8. Gern kam er sonntags zu ihr zum Essen, ließ sich die Reste - ist wirklich wahr! - in einer Tupperdose einpacken. Zusammen Essen gehen? Eine Einladung? Fehlanzeige. Irgendwann verkündete sie ihm, ihr Hotel sei ab sofort geschlossen, man sah sich nie wieder. Ein anderer hatte ein voluminöses Penthouse mit Alster-blick, schickste und teuerste Einrichtung, in seiner Designer-Küche durfte man aber leider nicht kochen – es könnte ja Flecken geben. Jahrelang wohnte er bereits in diesem Traumobjekt, die Küche ist aber bis heute jungfräulich unberührt. Als sie sich zu zweit einmal in einem Café an der Alster auf einen Drink trafen, brachte er doch glatt seine eigene Flasche Prosecco mit, da er nicht einsah, so viel Geld für ein Getränk außerhalb seiner Räumlichkeiten zu ver-schwenden. Und immer wieder erwarteten die meist dickbäuchigen schon schwer in die Jahre gekommen Herren - die übrigens wie so viele Frauen bei der Altersangabe im Internet mächtig schummeln - eine 20 Jahre jüngere, durchtrainierte, selbständige, sprich finanziell unabhängige Frau, die ihre Männlichkeit dann vergöttern würde. Ein bisschen wie bei der RTL-Reihe „Traumfrau gesucht" mit Walther, Dennis und Elvis! Einer schenkte ihr gar ein abgelaufenes, angefangenes Parfüm zum Nikolaus! Sagte unverhohlen, das hätte bei ihm noch rumgestanden, sie solle sich gefälligst freuen. Ein an-derer wollte für zwei Mal Essen gehen, dass sie die Gartenarbeit bei ihm verrichtet – wir sprechen von einem größeren Anwesen in Ham-burgs bester Wohnlage in den Walddörfern! Und wieder ein anderer – optisch eigentlich ihr Traummann – hatte leider erhebliche Schwie-rigkeiten beim Sex. Er konnte nur Hochgefühle im Wald bekommen, ansonsten blieb die Hose tot. Und ein anderer verlangte gar von ihr, sie möge ihn bitte mit heißen Kartoffeln bewerfen, das mache ihn an. Wenn sie mir SMS schickt über ihre Dates, bin ich jedes Mal am Kopfschütteln. Da lese ich folgendes: „Hatte gestern ein Date. Der

Typ sah gar nicht schlecht aus, aber bereits beim ersten Treffen fragte er mich, was ich von Sex im Schwimmbad in der Umkleidekabine halte, das mache ihn an!" Ihre vorletzte SMS, die sie mir über ein erstes Date schickte, lautete so: „Der Typ ging gar nicht. Er zeigte mir den ganzen Abend seine Muskeln und meinte dann, ich solle unbedingt mal anfassen." Und in ihrer letzten – ich bewundere wirklich ihr Durchhaltevermögen und ihre Ausdauer – verkündete sie, sie habe demnächst ein Date mit einem verheirateten Mann, er lebe aber getrennt. Kurz darauf bekam sie ein Foto auf ihr Handy von der Ehefrau nebst Gatte glücklich blickend mit dem Text: Sie solle ihren Mann in Ruhe lassen. Man wäre wieder zusammen. Aus dem Date werde nichts. Später am Abend schrieb er ihr jedoch, er wolle sich trotzdem mit ihr treffen. Da antwortete meine Freundin ihm: „Klar, lass uns doch ein Treffen zu viert machen – du bringst deine Frau mit und ich meine Therapeutin. Wir machen Gruppentherapie, davon hätten dann alle etwas!" Kürzlich kam es noch besser. Vor ihrer Tür stand plötzlich uneingeladen ein Bekannter aus ganz alten Tagen. Sie erkannte ihn kaum wieder, so dass er sie erinnern musste, wer er eigentlich war. Auch den Grund seines Überraschungs-Besuches erklärte er sofort und ohne Umschweife. Er sei verheiratet, aber total unglücklich. Da er aber so viel Geld und eine Firma habe, käme eine Trennung nicht in Frage. Und so wolle er ihr einen Deal anbieten, sagte er. Er würde ihr Geld zu der Miete dazugeben und sie häufiger zum Essen und auf Reisen einladen, dafür hätte er mir ihr Sex. Sie solle sich dieses Angebot in Ruhe überlegen. Das tat Renate auch kurz. Zu höflich oder vielleicht tatsächlich noch schwankend, antwortete sie erst einige Stunden später per SMS, sie sei nicht käuflich und er möge sich bitte nicht mehr melden.

Ich hörte mal von einer Bekannten (ich weiß nicht mehr, wer es war) folgende wirklich interessante Bemerkung: „Männer wollen immer – sogar wenn sie schon im Sarg liegen!" Zur Ehrenrettung einiger Männer möchte ich an dieser Stelle erwähnen: Es gibt auch viele andere Exemplare, ja, ich weiß! Und das stimmt auch. Und wir alle gehen nur unseren Weg, somit verurteile ich niemanden, denn nur durch unsere Erfahrungen können wir wachsen – ob Frau oder Mann! Zudem gibt es viele wundervolle Männer voller Gefühl. Ich denke da zum Beispiel an meinen Papa, der immer sagte, Frauen seien für ihn engelsgleiche Wesen. Und so ist er auch – eine Seele von Mensch. So wundervoll, so umsichtig, so gefühlvoll. Immer bemüht, andere glücklich zu machen. Ach, all ihr männlichen Seelen da draußen erinnert euch: Ihr seid Liebe, ihr seid Licht! Lebt das!

Meine Freundin Manuela befindet sich gerade im Trennungsprozess von ihrer „besseren" Hälfte, hat derzeit also noch andere Themen zu bearbeiten („wie bekomme ich möglichst viel Unterhalt von ihm"). Was wird sie wohl demnächst auf einer der Plattformen, die viel versprechen und wenig halten, erwarten?

Gut: Eine Freundin gab es auch, die tatsächlich ihren Mr. Big nach vielen Klicks bekam. Ob es bis heute hält? Das weiß ich nicht. Denn unsere Freundschaft blieb auf der Strecke. Grund: Endlich hatte sie ihren lang ersehnten Dr. Dr. Prof. gefunden. Gutes Einkommen. Wohnsitz im feinen Blankenese. Klar, dass da viele ihrer Freunde nicht mehr passten. Schon gar nicht eine Frau, so wie ich es zu dem Zeitpunkt war, als sie ihren Dr. Dr. damals kennenlernte: Frisch getrennt vom Ehemann, Single, Studium leider abgebrochen, Wohnsitz 80qm-Wohnung in Wandsbek, alleinerziehend mit Kind. Wie auch immer – ich wünsche ihr wirklich von Herzen das Beste. Hoffe, dass ihre Träume in Erfüllung gehen. Denn wir alle, welche Ticks wir auch immer haben und wo auch immer wir gerade geistig stehen, haben das Glück verdient.

Mein Mann, mein Leben und ich

J a, und ich? Ich gebe es zu, ich war auch so ein verwirrtes Wesen, das seinen Weg suchte wie einige meiner Freundinnen. Auch ich hatte über das Internet vor sieben Jahren meinen neuen Lebensabschnittsbegleiter Jan gefunden, lebte seitdem, wie mir schien, zeitweilig in einem Horrorfilm mit zwischenzeitlichen kurzen Happy Ends. Keine ewige Wolke 5 sondern mal Wolke 7 und mal Donnergrollen. Sieben Jahre hatte ich mir fast täglich angehört, wie sehr ihn seine Firma anwidert, wie sehr sein noch fieserer Chef ihn fertig macht, aber das mega-hohe Gehalt ihn davon abhält, endlich das zu tun, was ihm Spaß macht. Eigentlich klassisch für unsere Gesellschaft. Ein Leben nach dem Motto: Wir haben ja ewig Zeit, können ja später noch die Dinge tun, die uns Freude machen, und Geld ist nun mal derzeit das wichtigste. Wie sang schon Herbert Grönemeyer: Kaufen macht so viel Spaß, ich könnte ständig Kaufen gehen, Kaufen ist wunderschön! Welch Irrtum. Welch Irr-Sinn (auch ein schönes Wort, wenn man es trennt)! Als wenn uns das hundertste neue T-Shirt glücklicher machen würde oder das neueste Smartphone. Ein kurzer Augenblick des Kick-Glücks – puff, dann ist es auch schon wieder vorbei. Nur hin und wieder kommen uns dann diese erleuchtenden Momente, in denen wir dasitzen und sagen: So geht das nicht weiter! Das ist doch nicht das Leben, was ich will! Um dann aber wieder innerlich einzuschlafen und weiterzumachen im alten Trott. Kennst du? Dann sage ich an dieser Stelle nur eins: BITTE AUFWACHEN!!!

Dieser tägliche Frust meines Freundes wurde abwechselnd bei mir entladen oder in irgendwelche Käufe kompensiert, die natürlich das erhoffte Glücksgefühl, siehe oben, nicht erbrachten. So kaufte er fast wöchentlich teure Objektive für eine seiner Kameras oder gab mehrere hundert Euro für Kabel seiner monströsen Stereoanlage aus (Größe der sechs Boxen nehmen ein kleines Zimmer komplett ein). Mal waren es technische, kleine Teilchen, die den Sound verbessern sollten, mal der Kauf eines neuen Verstärkers, teure Ersatzteile für den Plattenspieler oder, oder, oder. Der Sound sei ihm sehr wichtig, er höre eben alles. Sagte er. Und das glaubte ich ihm – auch wenn ich den Unterschied selten wahrnahm. Ich hörte mir lange Vorträge an über die Qualität von Silber- und Goldsteckern an Kabeln – verstand aber sehr wenig, es interessierte mich eben auch nicht. Ich hörte mir wilde berufliche Abkürzungen an, die für mich klangen wie Kabelsalat, also noch wirrer. Es klang ungefähr so: „Ich traf den CPO, der aber auch VO bei der PQ Consulting ist". Und da das kurze Beruhigen der unglücklichen Seele meines Freundes via Konsum nicht lange anhielt, musste auch täglicher Sex zur Erheiterung der Laune beitragen. Mein Lohn: Viele Streicheleinheiten und ein tägliches „Ich liebe dich". Ein reicher Lohn, und das meine ich ernst, wenn man bedenkt, dass wir alle doch nur geliebt werden wollen. Und wir alle doch vor allem Angst haben, „alleine zu enden" (siehe alle meine Freundinnen oben) Aber: War ich nicht in Wahrheit schon längst allein? Waren die zahlreichen Trennungen in den sieben Jahren, die Wutausbrüche, die tiefen Verletzungen unter der Gürtellinie nicht irgendwann genug Signal, endlich zu gehen? JA!

Dabei hatte ich im Internet damals vor sieben Jahren genau beschrieben, was ich NICHT wollte: einen Versicherungskaufmann, Banker oder Steuerberater. Gerne hätte ich einen Schriftsteller, Künstler oder Journalisten an meiner Seite gesehen. Oder einen Tänzer mit Tanzschule. Tanzen war schon immer mein Lebenselixier. Bereits als Teenager schmiss ich nach miesen Schultagen die Haustür hinter mir zu, um dann im Wohnzimmer laut die Musik aufzudrehen und zu tanzen, bis ich anfing, richtig zu schwitzen und richtig zu lachen. Und auch heute noch liebe ich Zumba, würde zu gerne wieder Cha Cha und Walzer tanzen, allein der Partner dazu fehlt!

Doch ich bekam weder einen Schriftsteller noch einen Künstler: Nein, das Schicksal wollte es anders – oder ich hörte dem Schicksal nicht zu. Und ich muss ehrlich sagen, als wir uns vor sieben Jahren das erste Mal sahen, traf es uns beide wie der Blitz. Es war ein wunderschöner Sommerabend, warm, die Stimmung der Stadt heiter. In einem Café an der Alster verabredeten wir uns. Kaum saßen wir, fing er auch schon an zu reden. Er redete bestimmt zwanzig Minuten, ohne Luft zu holen und dann sagte er zum Schluss: „So – und jetzt bist du dran." Er war so aufgeregt und wir lachten so viel, dass er mich sofort zu einem halb-beruflichen Termin mitnahm, den er noch hatte. Ja, wir hatten uns zuvor gegenseitig nicht allzu viele Chancen eingeräumt – er dachte wohl: ach, wieder so eine Blondine, naja, ich gebe ihr mal eine Stunde, denn genau diese Stunde hatte ich Zeit. Und ich dachte: Typ langweiliger Manager, zehn Jahre älter, das wird sicher nichts. Warum wir uns dann überhaupt trafen? Ganz einfach, das Paarportal hatte uns überdurchschnittlich viele gemeinsame Punkte gegeben, wir waren also laut der Technik ein Dreamteam. Hinzu kam unser Telefonat vor dem Treffen, bei dem wir so viel lachten, dass ich dachte (und er auch, wie ich später erfuhr): Okay, dann schauen wir uns das doch mal einfach an…

Und wir schauten. Wir schauten uns tief in die Augen und es machte Zoom! Ich war damals Ende 30 und im positiven Sinne tief getroffen – tief getroffen, dass ich so ein berauschendes Gefühl nochmal erleben durfte, dass man (also ich!) eigentlich nur als Teenager erlebt. Kribbeln im Bauch, ein Dauerlächeln auf den Lippen, das man nicht wegbekommt und das komplett einnehmende Gefühl: Das Leben ist schön! Herrlich! Und ihm ging es ganz genauso. Wir beide spürten, dass es etwas Echtes werden könnte und so fragte er mich, ob ich ihn begleiten wolle zu seinem Termin. Ich wollte. Wir fuhren mit unseren Fahrrädern um die halbe Alster, um dort den Kollegen mit seiner Frau und den Kindern zu treffen. Jan und ich liefen über die Wiesen, lachten, frotzelten und zwischen uns fühlte es sich sofort so an, als würden wir uns schon ewig kennen. Auch sein beruflicher Termin und seine Frau dachten, wir wären schon lange ein Paar, so vertraut schienen wir ihnen. Dieser zauberhafte Tag endete, indem ich zu Jan sagte: „Hase, holst mir mal `ne Wurst?" und er antwortete: „Aber nur, wenn ich einen Kuss bekomme." Hach – war das ein göttlicher Tag. Hollywood könnte den Anfang einer Liebesgeschichte nicht besser filmen.

Doch schon nach einigen Monaten zerbrach unser Glück, hatte sich doch eine alte, große Liebe von mir wieder in mein Leben geschlichen. Ein verheirateter Mann, der mir nun versprach, seine Frau für mich endlich zu verlassen und dann auch tatsächlich – da er mir beweisen wollte, dass er es ernst meinte – aus dem gemeinsamen Haus auszog. Er – Schriftsteller – schickte mir wundervollste Gedichte und Emails, die mich – Schöngeist und Romantikerin durch und durch – zum Umfallen veranlassten. So trennte ich mich von Jan, um dann nach einer Woche bereits festzustellen, dass dies ein schlimmer Irrtum war. Gott sei Dank gab mir Jan noch eine zweite Chance. Wiederum göttliche Monate voller Liebe vergingen. Wir zogen zusammen und als wir im Mai nach Santorini flogen (falls du je deine große Liebe findest und frisch verliebt bist, dann flieg` dahin!), machte mir Jan einen Heiratsantrag. Es war ein zauberhafter Augenblick – wir saßen in einem kleinen Café hoch oben auf den Klippen mit einem grandiosen Blick über die Caldera. Der Himmel war so blau, und das Meer so glitzernd, dass Rosamunde Pilcher schwer überlegt hätte, ob sie ihre zukünftigen Schmalzfilme nicht lieber hier dreht statt in Cornwall. Aber zurück zum Heiratsantrag. Dazu ist wichtig zu sagen, dass Jan noch verheiratet war. Okay – schon seit vielen Jahren lebte er getrennt, aber die Scheidung hatte er nie vollzogen. Im nächsten Jahr, so sagte er, würde er alles regeln. Wir kauften Verlobungsringe, in Gold, einzigartig, und die Welt schien Pilcher-rosarot. Wie sagte Faust: Verweile Augenblick – du bist so schön! Nur hört der Augenblick leider nicht hin. Es zogen wieder Gewitterwolken auf, diesmal in Form einer jungen Frau, der er – was ich zu dem Zeitpunkt nicht wusste – innigst begegnet war, als wir die eine Woche getrennt waren. Klar – würden wir an dieser Stelle von Schuld sprechen (wobei ich der Meinung bin, dass es keine Schuld gibt sondern nur Erfahrungen, die alle einen Sinn haben) müsste ich mir diesen lausigen Schuh anziehen. Schließlich war ich es, die nochmal eine Runde auf dem Karussell mit einem anderen Mann drehen musste, ehe ich begriff, wen ich wirklich liebte. So zog Jan wegen der besagten Frau bei mir aus, Trennung Nummer 2 folgte. Wiederum ließen uns aber die Erfahrungen klüger werden oder zumindest weichherziger. Jan spürte, dass er ohne mich nicht sein wollte, die Trennung ein Fehler war und auch ich spürte, dass ich ihn noch liebte. Wir wurden also erneut ein Paar, zogen nach einigen Monaten erneut zusammen in eine andere Wohnung, um dann nach einem weiteren Jahr wieder vor den gleichen Problemen zu stehen. Er begann immer einnehmender, immer schneller aufbrausend zu werden – ich wiederum fühlte mich immer unzufriedener, immer mehr wie eingeschlossen. Und so kam ich – hier schließt sich dieser Ausflug zum Thema Internet, Kerle und mein Mann und ich – zur Sinnsuche und dem Selbsterfüllen meines ersten Wunsches: Ein Fallschirmsprung. Es war mehr als nur ein Sprung. Es war Freiheit. Es war: Jetzt geht es los! Das neue Leben!

Monat 2: Oktober

Wie gesagt: Ich fühlte, dass ich in einer totalen Veränderungsphase war – und auch jetzt, da ich dieses Buch schreibe, immer noch bin. Ich sprühte vor Ideen und überlegte nur, was wohl Punkt 2 auf meiner „Was ich schon immer mal tun wollte"-Liste ist. Beim Redigieren eines Artikels machte es in meinem Hirn und in meinem Herzen sofort: Das ist es! Es ging dabei um eine Redakteurin, die eine Rückführung gemacht hatte bei einer Hypnotiseurin in Hannover und Unglaubliches erzählte. Sie war tatsächlich unter Hypnose in ein ehemaliges Leben zurückgereist, so stand es dort zu lesen in dem Artikel, und da ich die Kollegin kannte, fragte ich sie ganz gespannt, ob das wirklich so gewesen sei. Sie bejahte, was mich dazu veranlasste, selbst auch diese Erfahrung unbedingt einmal erleben zu wollen. Ich hatte schon in vielen Interviews von verschiedenen Prominenten (unter anderem Witta Pohl) gehört, wie sie in Hypnose versetzt und dann in ehemalige Leben zurückgewandert waren. Immer wieder dachte ich nach diesen Gesprächen: Das möchte ich auch einmal erleben. Nun gab dieser Artikel der Kollegin und meine Aufbruchstimmung dem Gedanken Flügel. So googelte ich mich durchs Internet und fand schließlich einen Hypnotiseur in Hamburg, der vielversprechend klang. Ich sah sein Foto und verspürte so etwas wie ein Den-muss-ich-treffen-Gefühl. Nach einem längeren, sehr netten Telefonat wollten wir uns zunächst einmal kennenlernen und in einer ersten Zeremonie eine Art Rückführung nur in meine Kindheitserlebnisse versuchen. Aufgeregt fuhr ich am Tag unseres Termins hin. Ein recht nüchterner Raum empfing mich, in der Mitte ein Liegestuhl, den man je nach Bedarf in aufrechte oder liegende Position bringen konnte und ein Mann mittleren Alters mit grauen Haaren und einer wunderbar sonoren, beruhigenden Stimme. Seine Augen leuchteten, ich setzte mich, und wir sprachen eine Weile miteinander. Ich erzählte ihm viel von mir – ungewöhnlich viel, da ich sonst immer diejenige bin, die fragt und wenig preisgibt. Dann machte er leise, unglaublich beruhigende Musik an. Ich sollte meine Augen schließen und alle Gedanken von mir ziehen lassen. Ein Satz, den ich bereits aus der Meditation nur zu gut kannte. „Denken Sie jetzt nichts mehr", hieß es dort stets, doch mal ganz ehrlich: Einfach ist das nicht! Für mich ist es sogar eine Sache der Unmöglichkeit. Nichts zu denken, wie geht das bitte? Und selbst wenn ich daran denke, doch bitte nichts mehr zu denken, so denke ich doch. Schon damals, beim Erlernen der Transzendentalen Meditation (TM), war ich dazu nicht fähig gewesen. Ein gesamtes Wochenende hatten wir in der Gruppe geübt, nachdem „ein Guru" jedem einzelnen von uns streng geheim ein Mantra gab. Eine Frau erzählte nach den gemeinsamen Sitzungen stets von einem Fahrstuhl, mit dem sie innerlich runterfuhr und dann die unglaublichsten Dinge in ihrer Meditation erlebte. Eine weitere Kandidatin berichtete vom kompletten Wegsein, einem Flug durch das Universum. Und nur ich, ich konnte gar nichts sehen. Ich dachte halt zu viel. So hörte ich nach dem Wochenende ziemlich bald wieder auf mit der Meditation, vielleicht auch, weil es hieß, morgens um 6 Uhr wäre die beste Zeit dazu. Mal ehrlich: Um 6 Uhr morgens kenne ich noch nicht mal meinen Namen und ohne meinen Kaffee wäre ich nicht fähig, auch nur irgendein Mantra innerlich zu murmeln. Ich bin einfach kein Morgen-Mensch, sondern eher für die Abendstunden geschaffen. Ein Grund übrigens, warum ich den Beruf der Journalistin ergriff – man beginnt erst um 10 Uhr zu arbeiten, echt herrlich. Das hat nichts mit Faulheit zu tun, ich liebe meinen Beruf, aber meine Kreativität entfaltet sich eben nicht um 8 Uhr morgens sondern eher am späten Nachmittag oder am Abend.

Doch zurück zu meiner Hypnose. Es kam, wie es kommen musste: Sie scheiterte kläglich. Zwar sah ich tatsächlich kurz etwas aus meiner Kindheit bei der Rückführung vor meinem geistigen Auge, doch dass ich nun so richtig dort gewesen wäre, kann ich nicht sagen. Wir wollten es beim zweiten Termin dennoch wagen. Vier bis fünf Stunden dauert so eine Reise in frühere Leben und auch bei dem zweiten

Termin kam ich sehr aufgeregt in den Raum. Wieder der Stuhl. Wieder diese Musik. Er sprach wieder die Worte, die mich eigentlich in mein vergangenes Leben führen sollten: „Du gehst jetzt eine Treppe hinunter und bleibst dann unten stehen. Ich zähle bis drei und dann springst du." Aber ich sprang nicht. Irgendwie war ich nicht hypnotisiert. Der Versuch scheiterte, ich sei wohl nicht hypnotisierbar, sagte er. Das ginge manchen Menschen so, allerdings nicht vielen. Nun gut, irgendwie war es ja auch ganz schmeichelhaft zu hören, dass man nicht zur Masse gehört, doch schade fand ich es schon. Meine Seele sei wohl zu sehr mit dem Jetzt und Hier beschäftigt, hätte damit genug zu tun, sagte er. Dem konnte ich innerlich nur zustimmen. Doch um Antworten auf meine Fragen – dem Sinn meines Lebens, was soll ich jetzt tun, wer bin ich eigentlich – zu finden, riet er mir, ein Medium aus Schottland aufzusuchen. Eine Kartenlegerin und Astrologin – ihre Voraussagen seien fantastisch, meinte er, sie wohne bei Mölln, nahe Hamburg also. Keine Frage, diese Frau wollte ich kennenlernen. Vielleicht konnte sie mir ja helfen, meiner Bestimmung näher zu kommen, so dachte ich…

Monat 3: November

Ich gebe zu: Ich bin ein sehr kritischer, skeptischer und analytischer Mensch. Medium aus Schottland. Kartenlegerin. Astrologin. Hallo? Ich wusste bis zu dem Zeitpunkt nicht mal meinen Aszendenten (sein Sternzeichen zu kennen, lässt sich ja kaum vermeiden). Aber mir ging der Satz vor meinem Fallschirmsprung nicht aus dem Kopf: Bist du bereit? Ja, war ich denn nun bereit, wirklich neue Wege zu gehen, zu suchen, zu finden, oder wollte ich so weitermachen wie bisher? Unglücklich in einer Unbeziehung. Mit inneren offenen Fragen, wie: Was ist denn nun der Sinn des Ganzen hier? Und wozu bin ich wirklich hier auf der Erde?

Also rief ich dieses Medium an. Sie hatte keine Zeit, sagte nur, ich solle beim Standesamt anrufen, wo ich geboren worden bin, und fragen, wann genau meine Geburtsstunde war. Sie gab mir einen Termin und meinte: „Ich brauche nur den Tag Ihrer Geburt, die Geburtsstunde und Minute. Mehr nicht. Sprechen Sie mir das einfach auf Band und kommen sie dann zu dem Termin. Er wird vier bis fünf Stunden dauern."

Ich hatte mich für die Astrologie entschieden, die mir angeblich genau sagen konnte, was war, ist und kommen wird. Mit Zeitpunkt! Irre! Während das Kartenlegen keine genaue Zeiten liefern könnte, meinte sie. Auch sonst sei die Astrologie genauer. Ich dachte nur: Aha???? Nun: Ich rief beim Standesamt meines Geburtsortes an, erfuhr die genaue Geburtsuhrzeit und sprach sie ihr auf Band. Ich möchte an dieser Stelle noch mal ganz deutlich sagen: Die Frau wusste sonst NICHTS von mir. Nur meinen Vornamen und meinen genauen Geburtstag. Am Tag unserer Sitzung Ende November fuhr ich gespannt wie ein Welpe, wenn das Herrchen die Tür aufschließt, zu der Dame. Nach Autobahn, Landstraße und Dorfstraße kam ich an. Mitten auf dem Land. Oder genauer gesagt im Nichts. Oder dort wo man das Nichts vermutet. Kühe fühlen sich dort sicher sehr wohl, dachte ich. Typisch Hamburgerin, werden jetzt einige denken

- stimmt! Wieder hatte ich natürlich Erwartungen. Ich dachte an Räucherstäbchen, Glaskugel und verdunkelte Räume. Eine alte Frau, natürlich mit schwarzen Haaren und weisem Blick. Ja, ja, diese ganzen Klischees hatte ich im Kopf und natürlich, natürlich kam es ganz anders. Mitten in diesem Kuhnichts stand ein Haus, nett anzusehen, Typ Doppelhaushälfte mit Gartenanteil und Terrasse. Die Frau, die mich empfing, war blond, mittleren Alters, lächelte und bat mich in den ersten Stock. Ein netter, wie ein hübsches Büro aussehender Raum empfing mich. Viele Regale mit Büchern waren zu sehen, Teegeruch lag in der Luft und Kekse erwarteten den Gast, also mich. Sie setzte sich hinter den Tisch, ich davor, und nichts erinnerte an das Bild in meinem Kopf. Schon lustig, was Gedanken so alles mit einem machen können. Dann fing sie an. Ich mache es kürzer: Sie wusste alles über mich. Und nach 20 Minuten stand mein Mund nur noch sprachlos offen. Sie zeigte mir meine Planeten, meinen Weg, ich tat ihr, glaube ich, leid, da ich so einen weiten Weg zu gehen hatte und so wenig Planeten mir hold waren dabei. Sie sagte, dass ich seit August in einer kompletten Veränderungsphase sei. Mein Weg vom letzten Leben (Südpol) würde mich jetzt in diesem Leben ganz bis zum Nordpol führen – also astrologisch betrachtet. Ich hätte in den letzten 14 Jahren zwei jeweils ungefähr sieben Jahre lange Beziehungen gehabt, in denen ich lernen sollte. Alles stimmte exakt! Jetzt würde ich endlich durch diesen Veränderungsdrang bald ernten können. Ich wäre mit meiner jetzigen Beziehung nach den sieben Jahren sehr unglücklich, wäre das schon länger, und fände in den nächsten zwei, drei Monaten den Mut, endlich zu gehen. Ich hätte die Aufgabe, mich mit mir, mit meinem Inneren zu beschäftigen und zu erfahren, wer ich wirklich sei. Sie gab mir einen Stein, von einem Schamanen besprochen, auf dem stand „Ich bin". Sie schenkte ihn mir einfach, ich solle ihn möglichst viel in der Hand oder bei mir tragen, er gäbe mir Kraft. Wie gesagt: Ich glaube, ich tat ihr leid. Sie sagte mir, es könne auch sein, dass ich mit dem Partner noch einmal rückfällig werden könnte, aber allerspätestens Ende August nächstes Jahres sei ich komplett damit durch. Meine große

Veränderungsphase wäre dann auch ungefähr abgeschlossen, wobei mein innerer Lernprozess komplett in zwei Jahren vollzogen sei. Ich hätte bereits den spirituellen Pfad betreten, den solle ich weitergehen, das wäre mein Weg. Beruflich wäre es immer gut für mich gelaufen und da müsste ich mir auch weiterhin keine Sorgen machen, abgesehen von einer leichten Durststrecke in zwei Jahren, aber die wäre nur halb so schlimm. Ich solle unbedingt ein Buch schreiben, das sieht sie in meinen Sternen, ich wäre sicherlich doch auch von Beruf Journalistin oder Autorin, oder? Wie gesagt: Mein Mund stand weit offen. Es stimmte alles. Dann sagte sie, ich sei in meinem letzten Leben wohl eine Heilerin gewesen, in jedem Fall auch eine Nomadin, immer allein, die anderen Menschen geholfen hat, für ihre Überzeugungen aber ganz fürchterlich sterben und leiden musste. Da sagte ich ihr, dass ich es mit einer Rückführung versucht hätte, die aber nicht klappte. Das wunderte sie gar nicht, sie meinte, meine Seele würde sich schützen und möchte diese Qualen nicht noch einmal durchleben. Meine Aufgabe wäre es auch, die Kommunikation in einer Partnerschaft zu lernen. Im Beruf und mit anderen Menschen funktioniere die toll, aber in einer Partnerschaft würde es stets hapern, weil ich in meinen Leben zuvor immer allein war. Am Ende empfahl sie mir ein Buch: „Astrologie und Seele" (von Jan Spiller, Knaur Taschenbuchverlag, 512 Seiten). Ich habe den nördlichen Mondknoten Fische, den solle ich mir in dem Buch genau durchlesen. Dann empfahl sie mir noch für meine Ich-Findung das Buch „Die Reise nach Hause" (von Lee Carroll, Herausgeber Koha, 264 Seiten). Die vier Stunden-Sitzung verging wie ein Glücksrausch. Auf meinem Rückweg nach Hamburg konnte ich das ganze Gespräch immer noch nicht fassen. Wie konnte das sein? Wie konnte die Frau nur so viel über mich wissen? Ich war wirklich zutiefst verblüfft. Auch dass sie sagte, ich solle mich vor Rheuma in Acht nehmen, machte mich stutzig, da es die einzige Krankheit in unserer Familie ist, unter der bereits meine Oma schwer litt und nun auch meine Mutter. Einige Tage später kaufte ich mir die beiden Bücher und wollte sie auf meiner Reise nach Lanzarote Anfang Januar mitnehmen. Die Beziehung mit Jan wurde zu dem Zeitpunkt immer herausfordernder. Es war so ähnlich wie in dem Film „Der Rosenkrieg", als man am Ende meinte: Jetzt bringen sie sich gegenseitig um. Er kontrollierte mich unaufhörlich, bekam zwischendurch Wutanfälle (ich gebe hier keine Schuld, auch die hatten einen Sinn und Grund, das weiß ich!) und hätte nicht Weihnachten und dieser Urlaub buchstäblich vor der Tür gestanden, ich hätte wohl diese gefühlte Tragödie endlich beendet. Doch ich dachte und sagte, dass Lanzarote unsere letzte Chance sei, noch einmal gute Gespräche zu führen in den zehn Tagen und vielleicht doch noch das Ruder herumzureißen – allein der Glaube fehlte mir, doch die Hoffnung, ja genau, die Hoffnung…

Monat 4: Dezember

Doch auch in den Wochen bis zum Urlaub konnte meine innere Hummel keine Ruhe geben. Was wollte ich noch tun? Was war schon immer mein sehnlicher Wunsch? Ein kleiner, unerwarteter Geldsegen eröffnete mir Perspektiven: lange Haare! Ich wollte schon immer einmal wirklich lange Haare haben. Du lachst? Nun, wenn du meine dünnen Zippel hättest, tätest du das nicht. Die Farbe, die liebe ich sehr. Ich bin naturhellblond und käme nie auf die Idee, sie zu färben. Aber dadurch, dass meine Haare schon immer spiddelig dünn und brüchig waren, kam ich nie über eine gute Kinnlänge hinaus. So suchte ich im heiligen Internet nach dem besten Frisör in Hamburg mit der Intention: Extensions, also Haarverdichtung und Verlängerung. Ich fand auch einen entsprechenden Frisör – nennen wir ihn mal „Haar-Pracht" - und machte einen Termin. „Ja, das geht auch mit Ihren Haaren. Kein Problem. 100 Strähnen, 30 cm Länge." Kostenpunkt verschweige ich an dieser Stelle lieber. Natürlich handelte es sich um echtes blondes Haar und als ich beim zweiten Termin drei Stunden später mit voller Haarpracht bis zu den Brüsten auf dem Frisörstuhl saß, konnte ich den Anblick im Spiegel zunächst gar nicht fassen. Ich sah so vollkommen anders aus. Ich, die sonst eher praktisch veranlagt ist, stets am liebsten Pferdezopf trägt, nun mit Wallermähne – wow! Ich gebe zu, zunächst war mein Gefühl ambivalent – ich fand es zwar toll, aber irgendwie komisch. Irgendwie wie Fasching. Ich fand mich damit schön, aber irgendwie zu alt für diese Länge. Durfte man mit 45 noch solch lange Haare tragen oder machte man in diesem Fall ich mich lächerlich? Ich war unsicher. Und mit dieser Unsicherheit begegnete ich dem Urteil meiner Freunde. Auch die waren gespalten. Das Lustige jedoch: Viele von ihnen sahen es nicht mal! Wie jetzt, denkst du? Das sieht doch jeder? Das dachte ich auch. Aber ganz ehrlich: Die meisten meiner Freunde sprachen mich nicht darauf an und wenn ich nebenbei auf die Haare zu sprechen kam, dann war die Folge ein fragendes Gesicht mit dem O-Ton: „Das wäre mir jetzt gar nicht auf-gefallen. Du trägst ja sonst immer Zopf." Wahrscheinlich könnte man (ich wähle hier bewusst das allumfassende Wort „man") sich auch eine Glatze schneiden, die meisten Menschen sehen ohnehin nur sich selbst wirklich an – oder ihr Handy! Das ist keine Verbitte-rung und auch kein Vorwurf, das ist nach meiner Haaraktion ein-fach nur das rationale Ergebnis. Und das ist in Ordnung! So what! Wie dem auch sei: Nach einer Woche hatte auch ich mich an meine Haare und deren Anblick gewöhnt und war glücklich, auch wenn sie eine Menge Zeit der Pflege in Anspruch nahmen. Sechs Monate sollte diese Mähne die meine sein, und ich war froh über meine Ent-scheidung – im Gegensatz zu Jan, dem meine Haare überhaupt nicht gefielen. Blankes Entsetzen wäre wohl die noch treffendere Wort-wahl. Vielleicht lag es auch nur an der Veränderung…

Viele Menschen haben ja durchaus Angst vor jedem Schritt, der nicht dem Schritt zuvor gleicht. Sie gehen am liebsten immer in das gleiche Restaurant, denn das kennt man ja, setzen sich am liebsten immer auf den gleichen Platz, denn da fiel schon die letzten Male kein Stein vom Himmel. Nicht lachen, ich las in einer Reportage, dass tatsächlich der Neandertaler da in uns durchkommt, der auf Sicherheit getrimmt war und sich stets dort niederließ, wo ihm schon hundertmal zuvor kein Unheil geschah. Der Höhepunkt die-ses Typus Mensch ist dann, dass er sich in dem immer gleichen Res-taurant, auf dem immer gleichen Platz auch immer das gleiche Essen bestellt – das schmeckte die letzten Male, da kann man nichts falsch machen. Nun kennst du Jan, denn genau so einer ist er. Und ich – ich bin das glatte Gegenteil. Am liebsten teste ich immer neue Läden, bei denen ich natürlich auch mal reinfalle. Ich bestelle gern das, was ich noch nie hatte oder so Dinge wie Filet à la Chef mit Überra-schungseffekt und auch dann folgt mit dem ersten Bissen ganz klar entweder ein „Oh lecker" oder ein „Ihhh, geht gar nicht". Der Mo-ment, in dem sich Jan, glaube ich, meistens diebisch freut, denn er hat natürlich nichts „falsch" (was für ein blödes Wort!) gemacht – wie auch! Ganz ehrlich: Dies ist absolut keine Wertung, denn weder

der Sicherheitsguru noch der Alles-Immer-Neu-Typ ist besser oder schlechter. Nur lustig ist es, dem bewusst zu begegnen. Und dementsprechend sich auch den Rest seines Lebens bewusst anzuschauen beziehungsweise das Leben des anderen. Doch ich schweife ab...

Innerlich zufrieden, die Hummel im Ruhemodus, traf ich nun langhaarig auf einem Geburtstag eine Freundin, die mir von einer Augenlaseroperation erzählte. Sie habe Tage zuvor wiederum eine Bekannte begleitet, die sehr kurzsichtig gewesen sei, und die nun dank der Laser-OP wieder 100 Prozent sehen könnte. Sie war ganz und gar begeistert – und ich auch. Da auch ich schon sehr lange sehr kurzsichtig bin, unter einer Hornhautverkrümmung leide und Kontaktlinsen trage, fand ich diesen Eingriff doch höchst interessant. Gerade in den letzten Monaten hatte ich zunehmend mit den Linsen meine Kontaktschwierigkeiten und empfand nun die Option einer einmaligen Behebung für immer äußerst spannend. Was soll ich sagen: Genau. Das Internet half mir auch hier. Ich googelte mich durch die Vor- und Nachteile, die verschiedenen Möglichkeiten und die besten Ärzte in Hamburg. So fand ich dann auch einen Spezialisten und machte einen Termin. Meine Augen seien gut geeignet für eine Laseroperation, da meine Hornhaut dick genug und die Hornhautverkrümmung (noch) kein Problem sei, sagte man mir dort. Ich wurde lange von der Assistentin untersucht und bei einem weiteren Termin – zuvor durfte ich eine Woche keine Kontaktlinsen tragen – wurde nochmal alles genau kontrolliert. Einige Wochen später folgte der Eingriff. Aufgeregt fuhr ich zur Praxis, schließlich ging es um meine Augen, ein höchst wertvolles Gut. Gleich morgens als Erste war ich dran. Ein letzter Augencheck, schon lag ich auf dem OP-Tisch. Der Arzt klemmte das eine Auge mit einer Zange auseinander, zuvor hatte ich Tropfen bekommen, die die Augen betäubten. Der Deckel des Lides wurde angehoben, das Auge gelasert, Klappe wieder zu. Zweites Auge. Das ganze dauerte vielleicht zehn Minuten, Schmerzen hatte ich eigentlich keine. Mit verschiedenen

Tropfen und einer Augenklappe wurde ich von meinem Lebensge-
fährten nach Hause geführt, und als die Betäubung nach einigen
Stunden nachließ, trat auch der Schmerz ein. Es war auszuhalten,
aber unangenehm, und meine Augen tränten und flossen wie die
Niagarafälle. Stundenlang. Ich lag die folgenden 16 Stunden im Bett
im abgedunkelten Raum und hoffte, dass es vorbeigeht. Es ging vorbei. Bereits am nächsten Morgen waren der Schmerz und das Tränen
abgeklungen, bei der Nachuntersuchung beim Arzt war man mit
dem Resultat vollends zufrieden. Ein leichter Schmerz blieb die folgenden Tage, aber nach einer Woche bereits feierte ich meinen neu-
gewonnenen Adlerblick – endlich konnte ich zu 100 Prozent auch in
der Ferne sehen, Brille und Kontaktlinsen ade. Kleiner Wermuts-
tropfen: Auch die Augen – der Spiegel der Seele, wie wir alle wissen
– gehen ihre eigenen Wege, und so kam es, dass ich plötzlich unver-
mutet und kurioserweise leicht weitsichtig wurde. Kleine Buchsta-
ben in der Dunkelheit, eine klein gedruckte Speisekarte bei Kerzen-
schein zu lesen – für mich heute undenkbar. Vor der Operation kein
Problem. In der Praxis sagte man mir, das würde vergehen – doch
Pustekuchen. Noch heute sehe ich in der Nähe nicht wie zuvor. Aber
ganz ehrlich: Das ist es mir wert. Ich bereue den Eingriff nicht eine
Minute, so schauen zu können, wie ich es jetzt kann, ist ein wunder-
voller Gewinn, den ich auf keinen Fall missen möchte. Und wenn
man auch diese wunderbaren Worte – weit-sichtig und kurz-sichtig
mal auseinandernimmt und auf eine andere Ebene überträgt, hört
sich weit-sichtig zu sein, doch gar nicht so schlecht an, oder? Yeah,
ich kann jetzt in die Weite meines Lebens sehen…

Natürlich ist dies kein billiges Vergnügen – mit zwei- bis dreitausend Euro musst du schon rechnen - und Risiken birgt es natürlich
auch. Es kann immer etwas schief gehen. Aber wie gesagt: Ich habe
diesen Schritt nicht bereut!

Monat 5: Januar

Einige Wochen später ging es schließlich nach Lanzarote. Dort verschlang ich das Buch „Astrologie und Seele", das mir das Medium aus Schottland empfohlen hatte. Zunächst las ich meinen Mondknoten und dann den von Jan. Das Kuriose, wenn man an Zufälle glaubt, oder das Interessante, wenn man an Schicksal glaubt, ist: Er hat die Waage als Mondknoten, mein Sternzeichen. Ich habe Fische als Mondknoten, sein Sternzeichen. Das sei keineswegs ein Zufall, hatte mir die Astrologin gesagt. Wir mussten uns treffen und aneinander lernen, doch dieser gemeinsame Lern-Weg sei wohl jetzt zu Ende, meinte sie. Ich las und las und war abermals sprachlos. Ehrlich: Bis zu dem Zeitpunkt, als ich die Astrologin traf und sie mich innerlich aufblätterte wie eine Knospe, glaubte ich so gut wie gar nicht an die Macht der Sterne – vielleicht einen Hauch, was bestimmte Eigenschaften eines Sternzeichens betrifft und sogar das stellte ich in Frage. Doch spätestens seitdem ich dieses Buch auf Lanzarote gelesen habe, bin ich mir sicher, dass die Sterne, der Kosmos, unfassbar viel über uns aussagen. Ich fühlte mich so sehr gesehen bis in die tiefsten Tiefen meiner Seele. Da stand bei meinem Mondknoten Fische, ich solle folgende Fähigkeiten und Talente zum Vorschein bringen: Andere und sich selbst nicht verurteilen, Mitgefühl, die Angst an eine höhere Macht übergeben, den Geist durch Meditation und Selbstreflexion befreien, sich auf den spirituellen Pfad konzentrieren, an einen guten Ausgang glauben, die Verbindung mit dem Universum anerkennen, Veränderungen willkommen heißen – gut, Veränderungen habe ich eigentlich schon immer geliebt, nichts ist schlimmer, als immer das Gleiche zu machen, finde ich.

Folgende Verhaltensweisen soll ich hinter mir lassen: Überängstliche Reaktionen (okay, so sehe ich mich nicht), übertriebenes Analysieren (jaaa!), die Wichtigkeit der Details übertreiben, kritische spontane Reaktionen, nach Fehlern suchen, übertriebene Angst, Fehler zu machen, Perfektionismus, in unangenehmen Situationen verharren. Ja, ich gebe zu, das eine oder andere traf mich schwer, und doch spürte ich immer wieder ein inneres Nicken beim ausführlichen Beschreiben der einzelnen Wesenszüge. Ich sei in vielen vergangenen Leben eine Heilerin gewesen, stand dort. Daraus resultiere in diesem Leben mein Hang zum Perfektionismus, das sehr Analytische und die Angst vor Dingen, wenn sie sich nicht nach Plan entwickeln – um nur einen Bruchteil der 30 Seiten über mich zu formulieren. Was Beziehungen angeht, sei ich nicht sehr weit entwickelt, da ich immer allein unterwegs gewesen wäre als Heilerin, ich solle mich daher von äußeren Ereignissen distanzieren und auf eine höhere Macht vertrauen, die mich befähigt, sehr liebenswürdig zu sein. Ich würde mir den Terminplan eines Workaholics schaffen, damit ich emotionale Beziehungen mit anderen vermeiden könnte, da ich Angst davor habe, verwundbar zu werden. Nun: Da war etwas dran. So riet ich früher auch Freundinnen, die ständig verlassen wurden von ihren Männern: Sucht euch einen Mann, der vor allem euch liebt, er muss euch mehr lieben als ihr ihn! So seid ihr die Stärkeren. Oder um es mit Udo Lindenberg zu sagen in dem Lied „Der Deal": Ich lieb dich nur ein bisschen aber nie zu viel! Ich sah langsam ein, dass dies kein gutes Konzept war, um selbst langfristig wirklich glücklich zu sein. So ein Schutz der Seele – durch Wunden in der Jugend mit der ersten großen Liebe verursacht – hat im Grunde nur einen Vorteil: Man behält die Oberhand, aber die Sehnsucht der Seele wird damit nicht gestillt: nämlich zu lieben aus vollem Herzen, aus dem tiefsten Wesen, dem Kern. Einfach so! Ohne etwas dafür womöglich zu bekommen. Ohne dieses: Du gibst mir dies und dafür gebe ich dir das. Die Liebe macht keine Verträge, sie ist hingebungsvoll. Sie ist. Sie gibt. Sie schenkt. Und ich spürte nach und nach, dass auch ich nur noch das eine wollte: lieben! Ohne Fallschirm. Ohne doppelten Boden. Ohne Netz.

Auch mein Partner war beschrieben, als habe das Buch in seinem Inneren gewohnt. Zum ersten Mal sah ich auch Jan mit ganz anderen Augen, verstand ihn viel besser. Er war in seinen letzten Inkarnationen ein Krieger gewesen, hatte stets gekämpft, allein auf dem

Schlachtfeld nur für sich selbst. Und so verhält er sich auch oft in diesem Leben. Er kämpft eigentlich mit jeder Pore. Gegen jeden. Spielt täglich und manchmal stundenlang „Clash of Clans" (seit vielen Jahren wohlgemerkt, ich bemühe mich da sehr, das zu verstehen …). Er verbraucht Energie für Kleinkram, nur weil er sich im Recht glaubt – und tatsächlich auch manchmal ist! Aber ich fragte ihn häufiger, ob dieses Rechthaben, dieser Kampf, dieser enorme Energie-Aufwand, diese vielen Nervenkriege wert ist? Für ihn sind sie das. Sagt er.

Und mir – mir ist so vieles einfach egal! Weil ich so viele Dinge unwichtig finde und nicht verstehe, wie man sich über Dieses oder Jenes aufregen kann. Beispiel: Die Sendung „Frauentausch" (RTL). Thema der Sendung ist eigentlich nur eins: Welche Familie putzt besser ihre Wohnung! Und dann kommt es zum Streit, weil einer oben hinten in der Ecke des Dachbodens gestern nicht staubgewischt hat. Oder so ähnlich! Ehrlich: Ist das wichtig? Ist es wichtig, wie sauber meine vier Wände sind? Ist es für mich wichtig, wenn jemand vor mir auf der Straße in seinem Auto abbiegt, obwohl er es „nicht darf"? Ist es wichtig, ob ich eine Luxuslimo oder eine Schrottkarre besitze oder gar kein Auto habe? NÖÖÖ! Ich finde, es ist egal. Wie so vieles im Leben. Was ich habe, was ich trage, wie ich putze - so what! Wichtig ist das, was in mir ist! Kennst du den Film „Und täglich grüßt das Murmeltier"? Indem der griesgrämige Phil Connors (perfekt gespielt von Bill Murray) keinen Spaß mehr am Leben hat und sein ganzes Umfeld mit seiner schlechten Laune und seinem Sarkasmus tyrannisiert? Das Universum antwortet ihm auf beste Weise: Er „darf" den einen Tag, den Murmeltiertag, den er so sehr hasst, immer und immer wieder erleben. Nur diesen einen Tag. Er versucht, sich umzubringen – ohne Erfolg. Er versucht durch miese Tricks, eine Frau, die er begehrt, innerhalb von diesen 24 Stunden ins Bett zu kriegen – ohne Erfolg. Erst als er erkennt, dass alles, was wichtig ist, in ihm ist, dass das Außen ihn nicht glücklich machen kann, für sein Glück auch nicht zuständig ist, er sich innerlich verändert und wieder Freude am Leben hat, erlebt er den nächsten

Tag. Der „Fluch" ist gebrochen. Sein inneres Murmeltier ist endlich aus dem Bau gekrochen und umarmt die Welt, so wie sie ist. Herrlicher Film! Nur so ein kleiner Gedankenrundgang am Rande…

Doch zurück zu Jan: Passend zu seinem Kriegertum stand in seinem Mondknoten, dass es in seinem Leben um einiges leichter und friedvoller werden würde, wenn er folgende Verhaltensweisen hinter sich lässt: Impulsivität, gedankenlose Selbstbezogenheit, mangelndes Bewusstsein für das Bedürfnis anderer, unterstützt zu werden, Selbstsucht, mangelndes Urteilsvermögen in Bezug auf Geld, von anderen erwarten, dass sie genauso sind, wie man selbst (jaaa!), Gleichgültigkeit, Kompromissunfähigkeit, Wutausbrüche. Weiterentwickeln solle er hingegen folgende Eigenschaften: Zusammenarbeit, Diplomatie und Takt, wachsendes Bewusstsein für die Bedürfnisse anderer, Selbstlosigkeit: Unterstützung bieten, ohne Gegenleistung zu erwarten, die Dinge mit den Augen des anderen sehen. Treffender hätte man Jan nicht beschreiben können! Dies alles wurde natürlich eingehend auf 30 Seiten beschrieben und ich verstand plötzlich, was alles so in ihm vorging. Der Krieger, der er in seinen letzten Leben war, hatte den Kontakt zur Liebe verloren, deshalb trat er mit dem Gefühl in dieses Leben, in Bezug auf Teamarbeit und Beziehungen unbeholfen zu sein. O-Ton Buch: …Dabei sollten Sie sich keine Gedanken machen, denn Ihr jetziges Horoskop ist darauf ausgerichtet, sich wieder mit Menschen zu verbinden.

Ich übergab Jan die Lektüre und – oh Wunder – auch er war sprachlos. Der Mann, der bisher meinte, er müsse nichts mehr lernen, er wüsste alles über sich, stimmte mir zu. Und so kam es zu ersten tiefen, wertvollen Gesprächen nach langer Zeit und einer seelischen Annäherung, die tatsächlich meine Hoffnung nach Wiedervereinigung nährte. Doch bereits einige Tage später in Hamburg angekommen, schien all das vergessen. Ein Wutausbruch seinerseits der heftigsten Art inklusive Flucht mit dem Auto und ein abermaliges Schlussmachen der Beziehung waren die Folge – für mich tatsächlich das Ende, ich war innerlich endlich so weit. Der Grund seines Grolls: Ein guter, alter Freund von mir bat mich, bei seinem Umzug zwei Wochen später zu helfen. Er zog mit seiner Freundin zusammen und beide hatten wenig Geld. Ich sagte per SMS gleich zu, denn es war für mich selbstverständlich zu helfen – nur leider nicht für meinen Partner auf dem Sofa. Wie gesagt: Jan war außer sich. Warum ich ihn nicht erst mal gefragt hätte und das wäre keine Beziehung und überhaupt war wieder all mein Handeln völlig daneben. Nun, für mich war es seine Wortwahl, die ich hier nicht wiedergebe - aber im Nachhinein danke ich ihm innerlich, denn nur durch diesen Abend, diesen letzten Tropfen in meinem inneren Fass, der es zum Überlaufen brachte, konnte ich gehen. Alles hat einen Sinn!

Ich fing an, eine Wohnung zu suchen im heiligen Internet. Und mein fester Plan entpuppte sich als äußerst schwierig: Alleinerziehende Mutter, selbständig, mit zwei Katzen, sucht bezahlbare Wohnung in Hamburg Eppendorf oder Nähe. Du lachst? Ja, zu Recht! Einige „Wohnungen" sah ich mir an, wenige lang, die meisten kurz. Zwischen Loch-Visite und eisigem Schweigen neben dem Noch-Partner in der Wohnung empfand ich fast alles als Highlight: „Mein" Hypnotiseur rief an. Er hätte das Gefühl, uns verbinde etwas und da ich nicht hypnotisierbar wäre, könnte ich doch die besagte Kollegin, die das bereits erfolgreich erlebt hatte, zu ihm einladen und ich könne der Sitzung, ihrer Reise in ihre vergangenen Leben, beiwohnen. Auch das Erlebnis, nur dabei zu sein und zuzuhören, sei einzigartig. Es wäre kostenlos, er wolle mir das schenken. Die Kollegin ließ sich nur einmal bitten, kam und ich wurde Zeugin der außergewöhnlichsten 4-Stunden-Reise. Kaum saß sie auf dem Liegestuhl, die Musik lief leise im Hintergrund und der Hypnotiseur sprach mit seiner sonoren Stimme auf sie ein, da war sie auch schon unterwegs. Sie sollte eine Treppe innerlich runtergehen und unten angekommen springen. Im Gegensatz zu mir sprang sie und befand sich mit einem Mal in einem ihrer vorherigen Leben. Höchst detailliert beschrieb sie, wo sie war, wie sie aussah, was sie gerade tat und wie sie sich fühlte. Sie war ein Mann, ein höchst unerfolgreicher Goldschürfer in den USA, der am Ende seines Lebens einsam und unglücklich in einer kleinen Hütte starb und vergebens hoffte, noch einmal seinen Sohn zu sehen. Meine Kollegin starb als dieser Mann sozusagen noch einmal und beschrieb genauestens, wie ihre Seele diesen Körper erst nach langem Ringen aufgab, weil diese immer noch hoffte, den verlorenen Sohn noch einmal zu sehen. Schließlich verließ ihre Seele den Körper des Goldschürfers und meine Kollegin berichtete sehr ausführlich, wie sie ihren männlichen Körper nun plötzlich von oben sah, dann ein helles Licht im Himmel erschien und sie von ihrem heutigen vor einigen Monaten verstorbenen Vater empfangen wurde. Telepathisch fragte sie ihn, ob es ihm gut ginge, denn ihr Vater war qualvoll gestorben an Krebs und dann weinte sie, als sie fühlte, sah und hörte, dass es ihm nun gut geht. Ihr Engel holte sie ab, begleitete sie auf ihrem weiteren Weg durch das Universum und sie durchschritt mehrere Räume, um am Ende vor einem sogenannten Hohen Gericht (wobei nur wir selbst uns natürlich richten und niemand sonst) zu sitzen. Drei göttliche Gestalten waren dort und fragten sie, was sie hier wolle, weiter kam sie nicht. Der Hypnotiseur erklärte danach, dass sie ja noch sehr jung mit 30 Jahren sei, und natürlich normalerweise Menschen zu ihm kämen, die echte Probleme und Fragen hätten. Da sie diese nicht hatte und wir ja mehr oder weniger unserer Neugierde und Wissbegierde stillen wollten, wurde sie zurückgeschickt ohne Antworten. Dennoch: Die Rückführung, die Reise der Seele in den Himmel, war erfolgreich und unglaublich eindrucksvoll gewesen. Vier Stunden waren wie im Fluge vergangen, für die Kollegin waren es gefühlt nur 20 Minuten, sagte sie im Anschluss. Ihren Vater dort so glücklich zu sehen, wäre schon die Reise wert gewesen. Weder sie noch ich zweifelten daran, dass sie wirklich erlebt hatte, was sie erlebt hatte. Jeder habe seinen Engel, meinte der Hypnotiseur, der einen auch im Leben stets begleitet, der zuschaut, der auch deine Fragen beantwortet, wenn du mit ihm sprichst. Er liebt dich und begleitet dich durch viele Leben. Wir beiden Frauen nickten und fühlten, dass es so war und ist. Es ist ein wunderbares, sehr warmes und sicheres Gefühl, das mich seitdem stets begleitet. Ich fing danach an, mit meinem Engel zu sprechen und auch wenn du jetzt lachst: Er antwortet mir immer! Ich fühle ihn tief in meiner Seele und wenn ich durch den Wald gehe, wo ich das Einssein mit allem am deutlichsten spüre, dann antwortet er mir auf langen, einsamen Spaziergängen, auf jede meiner Fragen. Es ist ein wundervolles Gefühl, solltest du auch mal ausprobieren, macht glücklich.

Zudem habe ich danach mal über Engel recherchiert: Wusstest du, dass jeder zweite Deutsche laut einer Umfrage an Engel glaubt? Unglaublich fand ich die Geschichte dieser FBI-Agentin Lillie Leonardi, die am 11. September 2001 (9/11) als erste am Absturzort des Fluges 93 in Pennsylvania war. Jahre später schrieb sie ein Buch – „In the Shadow of a Badge: A Memoir about Flight 93, a Field of Angels and my Spiritual Homecoming" (Verlag Word Association Publishers) - über das, was sie gesehen hatte. Darin steht: „…Überall waren verstreute Trümmer, die zu klein waren, als dass man sie mit einem Jet und 40 Passagieren und Besatzungsmitgliedern in Verbindung bringen konnte (…). Ich war an Tatort-Szenen gewöhnt – was ich aber hier sah, übertraf alles Bisherige. Es sah aus, als sei das Flugzeug geradezu vom Erdboden verschluckt worden." Dann seien ihr „diese schimmernden Lichter" aufgefallen. „Es war eine Art Nebel und dann sah ich diese Engel. (…) Das Größte für mich war, dass es keine Leichen gab."

Ich glaube ihr, dass sie wirklich Engel sah, denn auch ich habe als Kind meinen Schutzengel zwar nicht gesehen aber ihm mein Leben zu verdanken. Als 6jährige donnerte ich mit meinem Kinderfahrrad die Große Bergstraße hinab direkt auf die Hauptstraße, wo mich ein Auto mit voller Wucht traf. Alles stand geschockt um den Unfallort, meine Eltern befürchteten das Schlimmste. Nun: Mein Fahrrad war komplett Schrott, nicht mehr als Fahrrad zu identifizieren, und ich hatte ein paar Schürfwunden am Knie, sonst nichts. NICHTS! Es war wie ein Wunder. Die Leute staunten, als ich aufstand und meine Eltern waren so unglaublich glücklich, dass ich noch am Leben war, dass ich an dem Tag so viel Eis essen durfte, wie ich wollte. Damals liebte ich Eis über alles. Danach hatte ich noch so einige Unfälle mit dem Fahrrad oder mit dem Pferd, weil ich auch ständig Blödsinn im

Kopf hatte und für eine Mutprobe auch schon mal von einer hohen Mauer sprang. Meine Mutter sagte einmal ganz treffend zu mir: „Maria, dein Schutzengel muss komplett zerbeult sein!" Ja, da hat meine liebe Mama sicher recht!

Monat 6: Februar

Engelhaft schön endete dann auch meine Wohnungssuche. 100qm in Eppendorf, 1100 Euro Kaltmiete, Holzdielen, frisch saniert, drei Balkone, offene Besichtigung, so las ich im Internet. Ich ging hin. Glaubte an mich. Ich wollte diese Wohnung unbedingt. Der Makler stand in der Küche, bereits einen riesigen Stapel Bewerbungen in der Hand. Zahlreiche Menschen gingen durch die Zimmer, einer schrie „das mache ich hier nicht länger mit" und stürmte davon. Ja – es war voll. Die Wohnung war begehrter als Brad Pitt mit Anfang 30 und es waren all die Kandidaten vor Ort, die man als alleinerziehende, selbständige Mutter mit Haustieren so fürchtet: Das angestellte Ehepaar, kinderlos, tierlos. Der Beamte mit Freundin, das solide Pärchen im Rentenalter. Und so weiter. Und so weiter. Doch ich gab nicht auf. Ich beobachtete den Makler, sah, dass er ungefähr wohl mein Alter hatte und setzte schließlich alles auf eine Karte: Die Humorkarte! Ich gab ihm meine Hand, ließ seine nicht mehr los, fixierte seinen Blick und sagte: „Sie können jetzt alle Bewerber nach Hause schicken. Ich nehme die Wohnung!" Er lachte – Bingo! Wir sprachen eine Weile miteinander, ich gab ihm meine Mappe und meldete mich zwei Tage später frühmorgens bereits in seinem Büro. „Wann bekomme ich denn nun die Schlüssel" war mein Einstiegssatz. Wieder lachte er. Schließlich erfuhr ich, dass auch er Kinder hat und seine Frau und er gerade ein passendes Gymnasium suchten. Da ich mir zwei Jahre zuvor etliche im weiteren Umkreis Eppendorfs angeschaut und unter die Lupe genommen hatte, fachsimpelten wir 30 Minuten über deren Vor- und Nachteile. Am Abend rief er mich schließlich nochmal an: „Sie haben die Wohnung", sagte er. Meine Antwort aus den Tiefen meiner Seele: „Ich liebe Sie"! Wir lachten beide und ich freute mich wie Cinderella auf ihren ersten Ball.

Drei Wochen später bereits kam der Umzug. Ein wundervolles Gefühl – endlich war ich wieder unabhängig, endlich sagte mir keiner mehr, wie lange ich duschen darf und dass ich gefälligst das Licht ausmachen soll. Freiheit, ich hatte sie wieder! Wie damals, beim ersten Auszug aus meinem Elternhaus, brauchte ich auch jetzt so ziemlich alles. Ich hatte kein Sofa. Ich hatte keinen Tisch, ich hatte keinen Schrank. Oh – ich hatte immerhin ein Bett! So kamen Kosten auf mich zu. Und noch mehr Kosten und noch mehr Kosten. Doch es scherte mich nicht, denn ich war glücklich in meinem neuen Heim. Acht Wochen lang saß ich auf dem Fußboden (das Sofa brauchte seine Zeit), ebenso lange warteten meine Klamotten in zahlreichen Säcken, Kisten und Koffern darauf, in einen Schrank gehängt zu werden. Doch auch das war mir egal. Ich war happy – erwähnte ich das bereits? Oh ja, ich war happy! Und folgte weiter meiner eigentlichen Reise – meiner Reise nach innen.

Nach „Astrologie und Seele" las ich die „Autobiografie eines Yogi" von Paramahansa Yogananda (Self-Realization Fellowship Verlag, 584 Seiten). Ein eindrucksvolles Buch über das Leben eines Yogi in Indien, über Wunder und Wissenschaft, Weisheit und Spiritualität. Das Buch wurde übrigens aufgenommen in die Liste der 10 besten spirituellen Bücher des 20. Jahrhunderts und wurde in 52 Sprachen übersetzt! Zu Recht, wie ich finde. Ein beispielhaftes Leben und Handeln, das anregt, zu folgen und mal wieder die eigenen Werte und Taten in Frage zu stellen. Es ist so unfassbar, was der Mensch alles zu erreichen vermag, nur durch die Kraft seiner Gedanken und seiner Seele – durch die Verbindung mit dem Universum. Das Buch beschreibt wahre Begebenheiten, die für uns Europäer wie Märchen erscheinen. Allein was die Heilung des eigenen Körpers und seherischen Fähigkeiten eines jeden Menschen angeht, bringt mich zu der Frage, was ich eigentlich mit meiner kostbaren Zeit hier mache. Bereits „Das Café und Wiedersehen im Café am Rande der Welt" hatten mich inspiriert, neue Wege zu gehen, wirklich im Heute die Dinge zu tun, die ich tun will und positiv meine Welt zu betrachten. Dieses Buch stärkte mich nochmals darin, zeigte mir aber auch, was der Mensch – und zwar wirklich jeder Mensch – vermag zu tun. Für andere und für sich selbst. Immer wieder betont Paramahansa Yogananda in seiner Autobiographie, dass wir ein Teil Gottes sind.

Gott hat uns nach seinem Ebenbild erschaffen. Wie Jesus oder Buddha können wir unsere Vollkommenheit durch stetiges Üben von Krya-Yoga immer mehr erspüren und erfahren. Ziel ist es, auch bewusst eins mit Gott (dem Universum) zu sein in jedem Augenblick und somit allen Menschen die Liebe zu schenken, die wir sind. Er beschreibt seine Begegnungen mit Gandhi, Mutter Theresa, einer Frau mit dem Namen Ingrid Neumann, die jeden Freitag die Kreuzigung Jesu durchlitt (auch sichtbar durchlitt!) und nichts weiter aß als jeden Morgen eine gesegnete Oblate. Am wundervollsten aber, finde ich, beschreibt er sein Wiedersehen mit seinem verstorbenen Guru Sri Yukteswar, der ihm detailliert ein Kapitel lang vom Leben nach dem sogenannten Tod erzählt. Ein berühmter Trompeter sagte mir mal in einem Interview, das Wort Tod sollte man als erstes aus dem Duden streichen – da es ihn nicht gibt! Es gibt nur die stetige Veränderung. Das sehe ich genauso. Und auch der Heilige Yukteswar beschreibt in dem Buch das Leben hier auf der Erde als Schein-Welt, als Maya-Welt. Unsere fünf Sinne gaukeln uns ständig Dinge vor, die so nicht sind. Nichts ist, wie es scheint! Und diese These ist inzwischen sogar wissenschaftlich bewiesen. Unser Unterbewusstsein liefert uns lang abgespeicherte Programme, die wir sehen, die manchmal stimmen, manchmal uns eben aber auch aufs Glatteis führen. Wie sagte schon „Der kleine Prinz" (von Antoine de Saint-Exupéry, Anaconda Verlag, 96 Seiten): „Man sieht nur mit dem Herzen gut. Das Wesentliche ist für die Augen unsichtbar." Wie wahr! Unsere Seele, so sagt Sri Yukteswar, ist in drei Gefäße verschlossen: In den Körper hier in der Maya-Welt, nach dem „Tod" des Körpers wandert die Seele in die Astralwelt, die Welt, die wir auch erleben, wenn wir träumen. Und wenn wir unseren Astralkörper schließlich verlassen, erreichen wir die Kausalwelt, in der wir Gott schon sehr nah sind. Werfen wir auch diesen Kokon ab, sind wir eins mit Gott, wie Jesus Christus es zum Beispiel ist. Immer wieder zieht Yogananda auch wissenschaftliche Beweise für seine Theorien heran, zitiert Sigmund Freud oder nennt als Beispiel Albert Einstein und andere. Gerade nahm ich dieses Buch ein zweites Mal zur Hand und es ist für mich eines der größten Werke, die ich je las. Inspirierend!

Übrigens: Wer in diesem Moment die Augenbrauen skeptisch zusammenzieht oder sich denkt: So ein Unsinn, dem kann ich an dieser Stelle nur zwei Dinge empfehlen: Google mal zum Thema: „Energie und was sind wir wirklich" Nobelpreisträger der Physik (Max Planck/Einstein etc.), lies dir renommierte Texte von Quantenphysikern durch – du wirst dich wundern.

Zum zweiten sage ich an dieser Stelle: Es ist doch merkwürdig, dass sich auch so viele Filme immer wieder mit dieser Thematik beschäftigen, oder? Ob es die Trilogie „Die Matrix" (was ist wirklich, was ist Schein?) oder sämtliche Star Wars-Filme („Die Macht wird mit dir sein" – welche Macht?) bis hin zum neuesten Super-Werk „Dr. Strange", ist, der die Frage aufwirft: „Wer sind Sie in diesem unendlichen Multiversum?" Der sich mit Zeitreisen und anderen Dimensionen beschäftigt, die Menschen betreten können nur mithilfe des Geistes, denn der Geist heilt den Körper. Der Körper IST materialisierter Geist! Nichts anderes als pure, verdichtete Energie, die grobstofflich sich manifestiert in unserem Sein hier auf der Erde. Dr. Strange tritt in dem Film immer wieder aus seinem Körper heraus und agiert als Astralwesen. Ich könnte an dieser Stelle mit zahlreichen anderen Filmen weitermachen, aber das würde ausufern und wäre wohl auch nicht zielführend.

Monat 7: März

Auch das darauffolgende Buch „Die Reise nach Hause", das mir, wie bereits erwähnt, die Astrologin empfohlen hatte, berührte mich sehr. In dem Buch geht es um einen Mann, der unglücklich mit seinem Leben ist. Seiner Arbeit. Eines Abends wird er in seiner kleinen Wohnung überfallen und von dem Einbrecher brutal niedergeschlagen. Sein Nachbar findet ihn, bringt ihn ins Krankenhaus und dort fällt er ins Koma. Und nun beginnt seine Reise nach Hause. Seine Seele wandert durch eine fremde Welt von einem Haus zum nächsten, von einem Engel zum nächsten. Und jeder Engel zeigt ihm bestimmte Dinge über sein Leben. Er erfährt, dass alles einen Sinn hat, jeder Mensch in seinem Leben eine Rolle spielt, um ihm auf seinem Weg weiterzuhelfen, so wie auch er eine Rolle spielt, um anderen Menschen, Seelen, auf ihrem Lebensweg zu helfen, ohne dieses natürlich bewusst zu tun. Alles in seinem Leben, jede Erfahrung, ob glücklich oder schmerzhaft, bringt ihn auf seinem Weg nach Hause voran. Er geht von Engel zu Engel und erfährt immer mehr und immer mehr über sich. Am Ende ist er tatsächlich zu Hause – bei sich selbst, seinem wahren Kern. Mit sich im Reinen. Er wacht wieder aus dem Koma auf und beginnt ein vollkommen neues Leben. Er kündigt seinen Job, macht das, was er schon immer tun wollte, betrachtet die Welt mit neuen Augen, betrachtet die Welt mit den Augen seiner Seele. Ein wundervolles Buch, das sich zu lesen lohnt. Und meine Bücherreise ging weiter. Denn ich war auf einem Weg, endlich auf meinem Weg, das spürte ich. Mir wurde immer wohler ums Herz und so nahm ich mir als nächstes eine Empfehlung des Hypnotiseurs zur Hand „Die Jesus Botschaften" (Untertitel „Das Neue Testament für unsere Zeit") von Paul Ferrini (Allegria Verlag, 432 Seiten). Sprachlos. Ich war sprachlos danach. Dieses Buch veränderte nachhaltig mein Leben. Der Sinn des Lebens – hier fand ich die Antwort. Das Glück meines Lebens – hier fand ich die Antwort. Der Weg meines Lebens – hier lag die Antwort. Und die Antwort lautet: Liebe! Liebe dich selbst, denn du bist vollkommen und von Gott so gemacht und wirst so geliebt, wie du bist. Und liebe alle Menschen, denn alle Menschen sind deine Brüder und Schwestern. Vergib allen Menschen, denn alles, was du anderen vorwirfst, ist in Wirklichkeit ein Mangel deines Selbst. Nur zwei Kräfte auf der Welt gestalten alles, was ist: Liebe und Angst. Aus Angst wird Wut. Aus Wut wird Aggression und Hass. Aus Liebe wird Mitgefühl. Verständnis. Vergebung und Frieden. Liebe dich selbst, nur so kannst du auch andere lieben. Vergib dir selbst, denn nur dann kannst du anderen vergeben. Und verurteile niemanden, denn du kennst niemals den Weg des anderen. Du kennst gerade mal deinen eigenen Weg (vielleicht) und wenn du andere verurteilst, verurteilst du auch dich selbst. Es gibt keine Fehler im Leben. Wir Menschen machen keine Fehler sondern Erfahrungen. Und jede Erfahrung ist gut, denn sie kommt voller Liebe von Gott – oder wenn du das Wort nicht magst vom Universum, von der göttlichen Quelle von allem, was ist. Und jede Erfahrung dient nur dazu, den Weg zu dir selbst zurückzufinden. Zu deiner eigenen Göttlichkeit, Liebe und Vollkommenheit, die du in Wahrheit auf der Seelenebene bist.

Plötzlich ging ich ganz beschwingt durch das Leben. Hupende Autofahrer – ich vergab ihnen! Ein Freund, der mich mit meinem gekochten Essen eine halbe Stunde warten ließ – ich vergab ihm. Ich dachte mir, jeder geht seinen Weg, und jeder Weg ist ein guter Weg. Doch ganz ehrlich: Nach mehreren Wochen – frisch beseelt, die Wohnung inzwischen eingerichtet - fühlte ich doch eine gewisse Frage immer wieder in mir aufkeimen: Warum war mir eigentlich nicht eine große, wundervolle Liebe in Form eines Mannes vergönnt? Warum konnte ich nicht mal einen treffen, mit dem es einfach war und einfach harmonisch und toll? Da ich, wie gesagt, zu Hause arbeite, war die Möglichkeit, den neuen Traummann zu treffen, recht schwierig. Die Diskozeiten hatte ich längst hinter mir und ein Pappschild um den Hals zu hängen: Ich bin Single, sprich mich ruhig an, traute ich mich nicht. Wie bitte soll man als 45jährige Frau heute noch einen Mann kennenlernen? Ich zumindest werde nie angesprochen. Dabei bin ich auch nicht sooo hässlich. Denke ich.

Blond, schlank, groß, sportlich, blaue Augen ist vielleicht nicht Jeder-Manns-Sache, aber Keiner-Manns? Es liegt wohl eher daran, dass die Herrenwelt aufgrund der wunderbaren Emanzipation sich heute nicht mehr traut, eine Frau so einfach anzusprechen. Zu oft erwiderten die „Damen" auf männliche, wohlwollende Annäherungssätze mit Worten, wie: Verpiss dich! Oder: Guck mal in den Spiegel! Oder: Was willst du denn? Irgendwann gaben die Männer auf, so scheint mir. Und so höre ich es immer wieder von Freunden, die mir sagen, sie seien es leid, Frauen anzusprechen, man würde sie stets gleich in die Schublade „der will mich nur ins Bett kriegen" schieben. Dabei wollen viele - okay sagen wir einige - Männer das gar nicht. Auch sie haben den Wunsch, wie wir Frauen, erst mal nur in Kontakt zu kommen und zu schauen, ob da eine Wellenlänge besteht. Dass die Herren der Schöpfung irgendwann ihren Mut an der Tür abgaben, ist traurig aber verständlich bei den oben genannten weiblichen Antworten. Wobei wir Frauen ja trotzdem nicht aufgeben, Mr. Big zu finden…

Einzige Ansprech-Ausnahme bei den Herren sind anscheinend devote Frauen, Typ: Ich tu dir nichts – und du darfst alles mit mir machen. Diese Frauen werden noch angesprochen. Ein Vorurteil? Vielleicht. Aber Freundinnen, die genau das ausstrahlen, die lieb sind und stets nett lächeln, erzählen mir von Männern, die sie auf der Straße ansprechen. Von sehr starken, selbstbewussten Frauen höre ich so etwas nie. Damit will ich kein Urteil fällen, es ist auch kein Typ Frau besser oder schlechter und auch die Herren kann ich wie gesagt verstehen, die es bei bestimmten Damen gar nicht mehr wagen, es ist schlicht eine Beobachtung, die ich gemacht habe. Von mir kann ich nur sagen: Die Männer lächeln mich zwar häufiger an, sie gucken und dann gehen sie. Keiner traut sich, mal den Mund aufzumachen (ich vergebe ihnen). Jetzt kannst du natürlich fragen, warum ich dann nicht den ersten Schritt wage? Ich habe es in früheren Jahren hin und wieder getan und hatte damit nie Erfolg. Ein Traumtyp von einem Mann zum Beispiel hatte ich jede Woche Mittwoch und

Freitag morgens in einem Supermarkt getroffen. Jede Woche schauten wir uns seeeehr tief in die Augen. Klarer kann Sprache nicht sein, wir wussten beide: Wir finden uns höchst anziehend. Ich lächelte, ich flirtete, er ebenso. Aber mich ansprechen? Nein, das tat er nicht. Nach drei Monaten (!) dieses Spiels nahm ich meinen Mut zusammen und sprach ihn nach einem Einkauf draußen auf dem Parkplatz an, da sein Autokennzeichen mit „M" anfing, fragte ich ihn mit einem Lächeln: „Heißt du Marco, Michael oder Matthias?" Er lächelte ebenso charmant, doch gab mir dann auch zu verstehen, dass er mich super fände, leider jedoch vergeben sei. Und treu. Na toll, dachte ich. Und so endeten alle meine Versuche, wenn ich mal die Initiative übernahm. Ehrlicherweise kam dies in meinem Leben vielleicht fünf, sechsmal nur vor (gibt so wenige interessante Männer, finde ich), doch nicht ein einziges Mal war ich erfolgreich. So dachte ich mir irgendwann: Männer, die Single sind und dich gut finden, die sprechen dich schon an, denn die wollen Frauen erobern, oder? Wirklich: Ich glaube schon, dass das heute noch so ist – Neandertal hin oder her. Männer wollen Frauen erobern und nicht angesprochen werden – auch wenn sie das gerne behaupten! Auf der anderen Seite trauen sie sich nicht mehr, den ersten Satz zu sagen – irgendwie hakt da das Neandertal, blöd! Ziemlich blöd.

Doch dann fiel mir ein, dass ich schon lange von einem Hund träumte – und mein Sohn ebenso. Lediglich der Partner an meiner Seite, den es ja nun nicht mehr gab, hatte stets Nein zu einem weiteren Tier gesagt. Dabei bin ich als freiberuflicher Mensch, der von zu Hause aus arbeitet, geradezu wie geschaffen, einen Hund zu betreuen. So fing ich diesmal an, im Internet nicht nach neuen Partnern zu schauen sondern nach einem geeigneten Vierbeiner. Nicht zu groß sollte er sein, als Stadt-Mensch mit einer Wohnung im 4. Stock fand ich das unpassend, verschmust sollte er sein und ordentlich laufen, also mit mir joggen, können. Ich las mir nach und nach ein gesundes Halbwissen über die verschiedenen Rassen an und kam am Ende auf eine, die ich schon immer toll fand: Ein Kavalier King Charles Spaniel. Kennst du nicht? Aber sicher kennst du noch den

Film „Susi und Strolch", der Kavalier ist die Susi. Eine Mischung aus Cocker Spaniel und Mops. Schließlich fand ich auch einen guten Züchter und mein Sohn und ich fuhren hin. Ein süßer Welpe, Tricolor, kam auf uns zugelaufen und mein Sohn entschied sofort: Den nehmen wir. Seitdem halte ich es (fast) mit Loriot alias Vicco von Bülow, der sagte: Ein Leben ohne Mops ist möglich aber sinnlos! Ehrlich: Ich möchte niiiie wieder ohne Hund sein. Es ist so schön, nach Hause zu kommen und diese kleine Seele empfängt dich schwanzwedelnd an der Tür. Bedingungslose Liebe schwappt einem jeden Tag durch diesen Vierbeiner entgegen – zumindest wenn man eine Dose Hundefutter im Haus hat. Ja, ich weiß, ganz sooo bedingungslos ist diese Liebe somit auch nicht, aber fast. Und wenn ich morgens mit meinem Kleinen jogge, sehe, wie er vor mir schwanzwedelnd fröhlich herrennt, dann geht mir im wahrsten Sinne des Wortes das Herz auf. Dabei war das erste Jahr mit meinem kleinen Kavalier alles andere als leicht. Nachts Gassi gehen, bis er stubenrein war und immer wieder Magen-Darm-Probleme kosteten mich schon viele Nerven. Doch wahrscheinlich sind es gerade diese Momente – alles hat seinen Sinn – die einen mit dem Tier ganz besonders verbinden. Falls du ein Kind haben solltest, erinnere dich mal an das erste Jahr, als es noch nichts konnte und du nachts häufiger aufstehen musstest, weil es gestillt werden wollte oder in die Windel gemacht hatte. Naja, mit einem Welpen ist das sehr ähnlich. Doch – um das Kapitel Hund hiermit abzuschließen – auch der süßeste Vierbeiner ersetzt langfristig keinen Partner. Höchstens hin und wieder. Und so kam es, dass ich trotz meiner neuen Hunde-Glückseligkeit wieder anfing, an die holde Männlichkeit zu denken. Was ich tat? Genau, du hast es erraten.

Ich begab mich erneut ins Internet. Eine Freundin empfahl mir ein kostenloses Portal, nennen wir es hier einmal „Blind-da". Ich meldete mich an, schaltete meine Fotos frei, schrieb ein ehrliches Profil. Die ersten Zuschriften, die ich bekam, lauteten folgendermaßen: Wir nennen ihn mal Timm. Timm: „Hallo. Darf ich dich etwas fragen?" Tolles Entrée, oder? Ich schrieb zurück: „Wer fragt, der führt. Also?"

Timm: „Welche Schuhgröße hast du?" Nie, wirklich niemals wäre ich auf diese Frage gekommen. Löschen! Zweite Zuschrift: Wir nennen ihn mal Werner. Werner: „Ich liebe devote Frauen!" Das schrieb der wirklich. Mehr nicht. Ich zurück: „Dann bist du hier falsch, ich bin das Gegenteil von devot!" Der Nächste schrieb, dass er Füße liebt. Der vierte wollte gleich einen Termin für Sex. Und dazu die Bilder dieser Männer – meine Güte. Ich vergebe ihnen! Einer schrieb, dass er tanzt, im Ausland gearbeitet habe, er wäre irgendwas Kaufmännisches und er sah gar nicht so schlecht aus auf dem Foto, klang mal ganz normal. Er wollte mit mir essen gehen und dann vielleicht noch tanzen. Ich dachte, okay. Versuch es! Ich kam ins Restaurant, sah ihn und konnte nicht mehr umkehren, da er auch mich sah – und ich außerdem so gemein auch nie sein könnte, einfach wieder zu gehen und jemanden sitzenzulassen. Nun: Er hinkte, er stotterte und erzählte mir dann, dass er arbeitslos sei. Mal ehrlich, Gott, er tat mir wirklich leid, und ich war auch wirklich nett zu ihm, aber warum nur? Warum nur ich? Alles hat seinen Sinn, das weiß ich, doch manchmal frage ich mich eben, welchen Sinn macht dies hier? Und gut, ich weiß auch: Manchmal bekommen wir die Antworten dazu erst sehr viel später…

Nach dem Essen verabschiedeten wir uns sehr nett und ich wünschte ihm innerlich, dass er sein Glück finden möge. Ich meldete mich bei „Blind-da", wer mag es mir verübeln, wieder ab! Was zu viel ist, ist zu viel. Doch, es kann noch „interessanter" kommen, und ich gebe hier niemanden nur mir selbst die sogenannte Schuld, wobei es ja keine Schuld sondern nur die Erfahrung gibt. Also: Mein Exfreund erinnerte sich meiner und schrieb mir einige wirklich herzzerreißende Emails. Inklusive wunderschöner Lieder und Texte. Er habe ein Medium aufgesucht und nun erkenne er sich selbst, seine „Fehler". Er schickte mir die Berichte des Mediums und ich fand es wirklich ergreifend, was ich da las. Ja, ja – ich tat es. Ich ließ mich tatsächlich erneut auf ihn ein. Gott sei Dank hatte ich ja nun meine eigene Wohnung!

Monat 8: April

Wir trafen uns also, joggten gemeinsam, und zunächst schien alles wirklich schön. Doch schon nach wenigen Wochen war es wieder so weit: Allabendlich kam er schlecht gelaunt aus der Firma, beschwerte sich über seinen Chef, und wie schlimm doch alles sei. Und ich bekam Vorwürfe – wie in alten Zeiten. Ich reagiere falsch, zu wenig, zu stark, sollte wieder Gedanken lesen können, leider habe ich diese Gabe noch nicht, und wurde für sein mangelndes Lebensglück verantwortlich gemacht. So beendete ich ein zweites Mal diese Beziehung – jedem Anfang wohnt ein Zauber inne – jedem Ende auch! Ich mache an dieser Stelle noch mal deutlich, dass ich ihm keine Schuld zuweise, denn was ich gelernt und auch verinnerlicht habe in den letzten 12 Monaten: Ich bin niemals Opfer! Und du auch nicht! Ich bin meine Schöpfergöttin, ich erschaffe mein Leben, mein Sein und auch mein Umfeld. Ich trage die Verantwortung für mein Leben, mein Handeln, meine Gedanken, meine Gefühle, meine Worte. Ich entscheide, wen ich in mein Leben lasse und wen nicht. Mit wem ich Zeit verbringen möchte und mit wem nicht. Und wie gesagt: Alles im Leben hat einen Sinn! Ich hatte sogar tiefes Mitgefühl für ihn, da ihm trotz seines Alters von Ende 50 immer noch die Erkenntnis fehlte (so schien es mir zumindest!), dass nur er selbst seines Glückes Schmied ist, niemals ein anderer oder andere das leisten können. Die Suche im Außen nach dem Lebensglück ist somit eine Sackgasse, in die jeder von uns immer wieder nur zu gerne rennt – doch weiterkommen tun wir so nicht. Also noch einmal für unser Hirn: Nur du bist der Schöpfer deines Seins. Nur ich bin der Schöpfer meines Seins. Und nur wenn du dich selbst liebst, kannst du geliebt werden und auch Liebe geben. Nur wenn du mit dir glücklich bist, kannst du auch Glück verschenken. Klingt nach einer Plattitüde? Meinetwegen, ist aber eine, die wahr ist. Alles, was wichtig ist für unser Glück, ist in uns. Und nichts – wirklich nichts – was uns wahrhaft glücklich macht, ist im Außen.

Kennst du den Buchtitel: „Liebe dich selbst und es ist egal, wen du heiratest?" (von Eva-Maria Zurhorst, Arkana Verlag, 400 Seiten) Ich fand diesen Titel bisher immer ziemlich blöd. Heute, ja heute, sehe ich ihn ganz anders. Es stimmt. Ich habe das Buch zwar nie gelesen, aber der Titel, der birgt viel Wahrheit in sich – wenn auch leicht übertrieben... Aber im Groben stimmt es, finde ich. Wenn du dich selbst liebst und dir nur immer wieder die Frage stellst: Wer bin ich? Wer will ich jetzt gerade sein? Welches Gefühl, welche Gedanken will ich jetzt gerade in mir erschaffen? Dann ist es nicht wichtig, wer der Andere ist. Oder was der andere sagt. Oder denkt. Oder tut. Alles, was wichtig ist, liegt in dir selbst! Und niemals im Außen. Und nun stellt sich natürlich die Frage – war es wirklich Jan, dem das Mitgefühl gebührte oder gebührte es nicht in Wahrheit mir selbst? Alle „Fehler", die du bei anderen siehst, alle sogenannten schlechten Eigenschaften, sind auch „Fehler", „schlechte Eigenschaften", bei dir selbst. Du projizierst die Dinge, die dich an dir selbst stören auf den anderen, ist ja auch leichter, so muss man nicht zu viel über sich nachdenken... Beispiel: Nehmen wir an, du bist geizig. Dahinter steckt übrigens Existenzangst, hinter allen sogenannten schlechten Eigenschaften (Gier/Neid/Eifersucht/Wut etc.) steckt in Wahrheit eine Angst (Angst vor Nähe, Angst, verlassen zu werden, Angst, nicht gut genug zu sein etc.). Also: Du bist wie gesagt geizig. Was du sicherlich selbst nicht so siehst, nur andere beurteilen dich so. Du wirst eher über dich denken, dass du vorsichtig oder umsichtig mit Geld umgehst. Dass du eben haushalten musst oder so. Akzeptierst du diese Eigenschaft bei dir, ist alles okay. Verabscheust du die Eigenschaft – hier der Geiz - jedoch bei dir und bei anderen, so wird dir dieses Thema immer wieder vom Universum vor die Füße geworfen, bis du das Thema innerlich umarmt oder überwunden hast. Wie es in den Wald hineinruft (du bist der Rufer), so schallt es hinaus (das Universum in Form eines anderen Menschen oder in Form von Ereignissen). Du bist auf jemanden wütend? In Wahrheit bist du wütend auf dich selbst. Und die Ursache der Wut ist wie gesagt eine Angst. Angst, dass der andere dich nicht respektiert zum Beispiel.

Oder dir nicht zuhört. Das manifestiert sich dann als aufbrausende Wut gegen den anderen.

Kluge Gedanken! Bleibt die Frage, was ICH eigentlich zu lernen hatte durch Jan? Welches Thema war das meine? Was warf mir das Universum immer wieder vor die Füße? Nun: In jedem Fall ging es mit Jan (und mit mir!) so nicht weiter. Somit verließ ich ihn mit sehr liebevollen Worten und wünschte ihm sehr ehrlich aus vollem Herzen und voller Mitgefühl alles Gute für seinen weiteren Lebensweg.

So war ich wieder glücklicher Single. Glücklich? Naja, sagen wir, ich war glücklicher, aber vor allem war ich eins: brodelnd. Ja, es brodelte in mir. Einerseits gaben mir diese Bücher so viel, so viel innere Ruhe und Glück. Andererseits war ich auch immer noch ein Opfer des gesellschaftlichen Schönheitswahns. Ja, ich machte mich selbst zum Opfer, das geht! So war ich höchst dumm-offen, als mir meine Freundin Christine, ebenfalls Journalistin, von einem ganz neuen tollen Fünf-Punkte-Facelifting erzählte, das sie gemacht hatte. Und sie sah echt toll aus! Gut, Christine ist zehn Jahre älter als ich, aber durch den „Eingriff" sah sie frisch, erholt, faltenfreier und dabei nicht künstlich aus. Denn das sogenannte Fünf-Punkte-Lifting hat mit Lifting im eigentlichen Sinn nichts zu tun. Es wird weder geschnitten noch gezogen, sondern lediglich mit Botox und Hyaluronsäure an fünf Punkten (manchmal sind es auch mehr) das eine oder andere oder beides gespritzt. Somit hält es natürlich auch lediglich ungefähr sechs Monate und kostet je nachdem, wieviel von der Substanz gebraucht wird, eine Menge Geld. 1000 Euro sind da noch sehr wenig, um nur mal eine Zahl zu nennen. Oft landet man bei zwei, dreitausend Euro. Aber nach der abermaligen Trennung von Jan und diesem tollen jugendlichen Resultat, das Christine mir an ihrem eigenen Leib präsentierte, wollte auch ich dieses Experiment wagen. So ließ ich mir bei dem gleichen Schönheitschirurgen einen Termin geben und Dank eines Journalistenrabatts und meines noch nicht so hohen Alters und den damit verbundenen noch nicht so tiefen Falten wurde es auch nicht gar so teuer. Um es kurz zu machen: Es sah toll aus. Gerade meine Nasalfalten waren so gut wie weg, was mein

Gesicht sehr viel jünger machte, wie ich fand – mal abgesehen von den Stirn- und Augenfalten. Leider komme ich da genetisch nach meinem Vater, der eine Stirn hat, wie ein trockenes Wattenmeer. Nun aber, nach dem Eingriff, war ich zufrieden, vor allem, weil der Arzt nur wenig gespritzt hatte und die Veränderung so kaum zu sehen war. Ich sah einfach frischer, erholter aus, meine Stirn entspannt. Mehr nicht. Auch die Prozedur war gar nicht so schlimm, wie ich dachte. In nicht einmal fünfzehn Minuten hatte er erst die Punkte, in die er spritzen wollte, markiert und dann gab es einen kurzen Schmerz. Die Hyaluronsäure war dabei unangenehmer, da ja eine Flüssigkeit in die Falten richtig hineingespritzt wird zum aufpolstern. Doch wer schön sein will, muss leiden – altes aber weises Sprichwort. Beschwingt verließ ich also die Praxis, wobei das Resultat, was man mir auch gesagt hatte, so richtig erst Tage später zum Vorschein kam. Doch bereits nach drei, vier Monaten war all der schöne Schein schon nicht mehr zu sehen, und ich sah wieder aus wie zuvor. So viel Geld für so wenig Verjüngung – ich ärgerte mich. Ich ärgerte mich über mich selbst und tue es gerade wieder, da ich diese Zeilen schreibe. Nie wieder werde ich so einen Unsinn tun, da altere ich doch lieber in Würde und sorge durch meine innere Einstellung dafür, dass die Falten nicht von Wut oder Verzweiflung herrühren (hässliche Falten!) sondern vom Lachen und mit Liebe „gemeißelt" werden.

Und doch war auch dies eine wichtige Erfahrung – zum einen brachte es die Männer nicht dazu, mich plötzlich in Scharen anzusprechen, zum anderen sah ich ein, dass ein paar Falten mehr oder weniger wirklich völlig schnuppe sind. Es machte mich keinen Deut glücklicher, weniger davon zu haben. Ehrlich! Es ist wie ein Kleid, das man kauft, sich kurz darüber freut, um es dann aber in den Schrank zu hängen und schon ist das kurze Glücksgefühl vergessen. Nur dass das Kleid wesentlich weniger kostet und weniger schmerzhaft ist!

Monat 9: Mai

Nun gut: Ich war also wieder Single. Und glücklich. Zumindest meistens. Trotz Falten! Ich las weitere Bücher, die mir auf meiner Innenreise halfen. „Gespräche mit Gott", drei Bände geschrieben von Neale Donald Walsch (vollständige Ausgabe Arkana Verlag) kamen da genau richtig. Schon das erste begeisterte meine Seele. Tatsächlich führt in diesem Buch der Autor ein Gespräch mit Gott, der ihm Rede und Antwort steht. Und selbst wenn man daran zweifeln sollte, dass er wirklich mit Gott spricht, so gibt diese Lektüre viel Stoff zum Nachdenken und Erquicken des Geistes. Nein – das trifft es nicht! Für mich waren diese drei Bände ein Meilenstein auf meiner Reise nach innen und sind es noch. Ein paar wunderbare Zitate aus dem Buch sind die folgenden. Gott: „Von mir kommt dein erhabenster Gedanke, dein klarstes Wort, dein edelstes Gefühl. Der erhabenste Gedanke ist immer jener, der Freude in sich trägt. Die klarsten Worte sind jene, die Wahrheit enthalten. Das nobelste Gefühl ist jenes, das ihr Liebe nennt. Freude. Wahrheit, Liebe." Oder: „Das Endresultat steht ohnehin schon längst fest. Die Menschen glauben, dass das Endresultat des Lebens zweifelhaft ist. Dieser Zweifel hat euren größten Feind geschaffen, nämlich die Furcht. Denn wenn ihr am Endergebnis zweifelt, müsst ihr am Schöpfer zweifeln – an Gott. Und wenn ihr an Gott zweifelt, müsst ihr euer Leben lang in Angst und mit Schuldgefühlen verbringen, könnt euch nie entspannen. Wie könnt ihr dann je wahren Frieden finden?" „Es liegt in der Natur des Menschen, das, was sie am meisten wertschätzen, erst zu lieben, dann zu zerstören und dann wieder zu lieben. Denn alle menschlichen Emotionen gründen sich auf tiefster Ebene auf zwei Emotionen: Auf Angst oder auf Liebe. In Wahrheit gibt es nur zwei Emotionen – nur zwei Worte in der Sprache der Seele. Und das sind die beiden gegensätzlichen Pole, die ich zusammen mit dem Universum und der Welt, wie ihr sie heute kennt, erschuf. Jeder Gedanke, jede Handlung gründet sich entweder auf Liebe oder auf Angst. Es gibt keine andere menschliche Motivation.

Und ihr habt immer die Wahl, welche der beiden ihr euch aussucht. Angst ist die Energie, die zusammenzieht, versperrt, einengt, wegrennt, sich versteckt, hortet, Schaden zufügt, krallt und klammert und attackiert. Liebe ist die Energie, die sich ausdehnt, sich öffnet, aussendet, bleibt, enthüllt, teilt, heilt, alles fortgibt, loslässt und besänftigt, bessert." „Es gibt nur einen Grund für alles Leben, nämlich, dass ihr und alles, was lebt, die Herrlichkeit der Liebe, eurer Seele, in ganzer Hülle und Fülle erfahrt." „Das tiefste Geheimnis ist, dass das Leben nicht ein Entdeckungsprozess, sondern ein Schöpfungsprozess ist. Ihr seid hier, um euch zu erinnern und wieder neu zu erschaffen, wer ihr seid. (…) Das ist das Ziel eurer Seele." „Deine Seele weiß zu jeder Zeit alles, was es zu wissen gibt. Ihr ist nichts verborgen, nichts unbekannt. Doch dieses Wissen reicht nicht aus. Die Seele strebt nach der Erfahrung. Du kannst wissen, dass du ein großzügiger Mensch bist, aber wenn du nichts tust, was diese Großzügigkeit zur Entfaltung bringt, dann hast du nichts weiter als eine begriffliche Vorstellung." „Ihr seid ein göttlicher Teil des göttlichen Ganzen." „Evolution bedeutet: wissend, erfahrend, seiend. Das ist die Heilige Dreifaltigkeit – die Dreieinigkeit Gottes. Gott der Vater ist wissend – der Urheber aller Einsichten, der Urheber aller Erfahrungen, denn ihr könnt nicht erfahren, was ihr nicht wisst. Gott der Sohn ist erfahrend – die Verkörperung, das Ausagieren all dessen, was der Vater von sich selbst weiß, denn ihr könnt nicht sein, was ihr nicht erfahren habt. Gott der Heilige Geist ist seiend – die Entkörperlichung all dessen, was der Sohn von sich selbst erfahren hat. Der einfache, vollkommene Zustand des Seienden ist nur möglich durch die Erinnerung an das Wissende und Erfahrende. Dieses einfache Seiende ist Seligkeit." „Krankheiten und Leiden sind das Gegenteil von Gesundheit und Wohlbefinden und manifestieren sich in eurer Realität auf euer Geheiß. Ihr könnt nicht krank sein, ohne euch auf bestimmter Ebene dazu gebracht zu haben und ihr könnt wieder wohlauf sein in dem Moment, in dem ihr euch dazu entscheidet - tiefe persönliche Enttäuschungen sind gewählte Reaktionen, und globale Katastrophen sind das Ergebnis eines globalen Bewusstseins." „Forscht im Innern statt im Außen und fragt euch: Welchen Teil meines Selbst möchte ich jetzt angesichts dieses Unglücks erfahren? Welchen Aspekt des Seins wähle ich? Denn alles Leben existiert als Werkzeug eurer eigenen Schöpfung, und alle seine Ereignisse bieten sich euch nur als Gelegenheiten dar, zu entscheiden und zu sein, wer ihr seid. Das gilt für jede Seele und so gibt es keine Opfer, nur Schöpfer."

Was mir diese drei Bände „Gespräche mit Gott" gegeben haben? Tiefes Erinnern. Tiefe Seligkeit. Ein tiefes Nicken: Ja, genau so ist es! Ich habe Gott - oder wer Probleme mit dem Wort Gott hat, die kosmische allumfassende Energie - gefunden. Gott/die Göttin ist mein Selbst, meine Seele. Mein Selbst ist Liebesenergie. Ist Licht. Meine unsterbliche Seele, mein Geist, mein Körper sind in Wahrheit eins – und eins mit dem Kosmos, mit allem, was ist. Auch du und ich, wir sind eins! Diese ewige, bedingungslose, universelle Liebe durchströmt unser ganzes Sein. Und meine Seele kennt den Weg nach Hause, führt mich – wenn ich ihr zuhöre auf geradem Weg, und wenn ich meiner Seele nicht zuhöre, sondern meinem Ego im wahrsten Sinne des Wortes freien Lauf lasse, dann laufe ich eben mal ein paar Kurven...

Des Pudels Kern besteht also „nur" darin, unserer Seele auch möglichst in jeder Sekunde zuzuhören, was bedeutet, in jedem Augenblick wirklich sich seines Selbst-bewusst-zu-SEIN. Zugegeben: Das zu schaffen, ist ungefähr so schwierig wie Tango zu tanzen ohne Partner. Aber: Zum einen, dieses Wissen erst einmal zu haben, bedeutet bereits auf dem Weg zum Erwachen zu sein. Und: Daran zu arbeiten und sich häufiger und häufiger daran zu erinnern, wer man in Wahrheit ist, ist gar nicht so schwer. Um beim Tango-Bild zu bleiben, bedeutet dies: Erst mal die einzelnen Schritte üben, dann kommen die Drehungen hinzu und am Ende tanzt man ganze Schrittfolgen erfolgreich ohne hinzufallen. Tanzt man die Folgen jeden Tag, gehen sie irgendwann über in Fleisch und Geist. Schrittfolge Eins: Sich immer wieder sagen „Ich bin ein Teil Gottes, sein Leib, seine Erfahrung. Er ist meine Quelle und diese sprudelt in mir. Wir alle sind kleine Wassertropfen, die zusammen einen Fluss ergeben, der aus der Quelle strömt und wieder in die Quelle mündet. Wir waren, sind und werden immer göttlich und vollkommen sein. Denn wir alle sind eine allumfassende Seele mit Gott(dem Kosmos), eine Energie. Wir durchweben uns gegenseitig zu jedem Zeitpunkt unseres Seins hier auf der Erde wie Spinnfäden eines Netzes mit Lichtenergie. Denn am Anfang erschuf Gott das Licht. Wir sind das Licht. Göttliche Lichtenergie. Wir sind alle gemeinsam ein großer Laserstrahl und gleichzeitig lauter einzelne kleine Glühbirnen. Und wenn wir selbst-bewusst und somit selbst-beherrscht sind - Tango tanzen wie ein Profi! – also auf unsere tiefste, innere Stimme hören, dann finden wir Erfüllung. Der einzige Sinn unseres Hierseins ist dieses Erinnern, das Erfahren, wer wir wahrhaft sind.

Gleichzeitig sind wir alle unsere eigenen Schöpfer in diesem Spiel, das wir das Leben nennen. Und die Erde ist unser Spielplatz. Wie ein Kind auf einem Spielplatz erschaffe ich mich immer wieder in jedem Augenblick neu. Und du tust es auch. Unbewusst oder bewusst – du hast die Wahl. Wir haben die Wahl in jedem Augenblick aufs Neue, was wir in uns erschaffen. Da ich erkannt habe, dass Gott/die Göttin mein Selbst ist, erschaffe ich immer und immer wieder Liebe in mir – oder sagen wir besser, ich versuche dies häufiger und häufiger zu tun, indem ich mich mehr und mehr erinnere. Ich erschaffe dann Licht. Dankbarkeit. Freude. Mitgefühl. Verständnis. Jede Erfahrung, jeder Mensch, der mir begegnet, jede Situation, die sich mir stellt, ist eine Gelegenheit, die das Universum schenkt, mein höchstes Selbst zu sein – Liebe. Und er/sie/es schenkt sie mir nur aus reiner Liebe. Auch wenn die Erfahrung in dem Augenblick mit Schmerz oder Leid verbunden sein mag, so wird mir doch die Möglichkeit geschenkt, mich zu erinnern, wer ich in Wahrheit bin.

Ich habe in all meinen Jahren als Journalistin zahlreiche sehr spannende Interviews geführt mit Prominenten. Und ein Interview mit einer deutschen Prominenten, die bereits weit über 80 ist, erzählte mir eine Geschichte, die mich tief berührte und genau dazu passt, wie wunderschön es ist, wenn wir uns erinnern, dass wir alle Facetten von Liebe auch in schwierigsten Situationen sind. Sie berichtete vom Krieg. Als die Russen einmarschierten, kamen sie auch in das Haus ihrer Mutter. Ein junger Russe kam in die Küche und wollte die Mutter der Prominenten vergewaltigen. Er wollte sie gewaltsam auf den Tisch pressen, da schaute die Frau voller Mitgefühl diesen jungen Soldaten an und streichelte seine Wange. Sie hatte echtes, herzliches Mitgefühl und sagte dem Soldaten: „Ist schon in Ordnung. Du hast so viel Grausames in deinen jungen Jahren gesehen und bist gerade mal 17 oder 18 Jahre alt. Ich kann deine Wut verstehen." Sicherlich verstand der Soldat nichts von alledem, aber er sah das Mitgefühl, den Ausdruck der Liebe, in ihren Augen und fühlte das Streicheln auf seiner Wange. Und was tat er? Er ließ von ihr ab und begann bitterlich an zu weinen. Er weinte und konnte gar nicht wieder aufhören. Und die Frau nahm ihn in den Arm und tröstete ihn. Dann ging er ohne ein Wort davon. Dies ist eine wahre Geschichte, die mich wirklich sehr beeindruckte. Eine ähnliche barmherzige Geschichte hörte ich vor einiger Zeit aus der Schweiz. Da überfiel ein Obdachloser eine ältere Frau auf einer Brücke. Er hatte ein Messer dabei und drohte ihr: „Gib mir sofort all dein Geld." Sie schaute ihn ebenfalls voller Mitgefühl an und sagte: „Sicher, hier hast du alles. Aber warum nur geht es dir so schlecht? Was ist dir widerfahren?" Und auch dieser Mann, der zunächst so grausam schaute und drohte, brach in Tränen aus. Sie nahm ihn in den Arm und tröstete ihn eine lange Weile. Dann erzählte er ihr seine Geschichte, wie er obdachlos wurde und nun nicht mehr weiter wusste. Und diese ältere Frau kümmerte sich daraufhin um ihn, brachte ihn wieder auf die Beine. Ebenfalls eine wahre, wundervolle Geschichte! Und eine Geschichte darüber, wer wir in Wahrheit sind, wenn wir unsere Angst überwinden. Ich sage an dieser Stelle übrigens ganz klar, ich weiß nicht, ob ich genauso reagiert hätte in so einer Situation, ob ich das könnte. Aber ich weiß, es ist der richtige Weg und ich hoffe, dass ich diesen gehen kann, egal, was geschieht.

Und das fängt ja bereits im „Kleinen" an – zum Beispiel in einer Beziehung. Nehmen wir an, unser Partner schreit uns an. Dann habe ich die Wahl: Schreie ich zurück oder atme ich tief durch und erinnere mich, wer ich bin – Liebe, Verständnis, Mitgefühl. Schaffe ich es, den Weg der Seele zu gehen, erfahre ich in dem Moment ein tiefes Glücksgefühl, weil mein wahres Selbst jubelt. Denn: Es geht NIE darum, was der andere tut, sagt oder denkt. Das ist nicht wichtig! Es geht IMMER nur darum, wer ICH bin. Was ich denke, sage, tue. Es geht sogar noch weiter. Denn: Unser Partner (wir sind alle eins!) schenkt uns sogar in dem Moment des Anschreiens die wunderbare Möglichkeit, unser höchstes Selbst sein zu können auch oder gerade unter sogenannten schwierigen Bedingungen. Es ist schließlich leicht, voller Liebe zu sein, wenn der andere zauberhaft zu einem ist. Er schenkt uns also die tolle Gelegenheit, voller Liebe, voller innerer Ruhe zu reagieren. Wie mir das gelingt? Ich gebe es zu, das gelingt mir natürlich bei weitem nicht immer, aber immer öfter. Ich frage ihn dann laut oder auch nur innerlich tonlos: „Wie kann ich dir helfen? Was kann ich für dich tun?" Denn immer, immer, immer geht es nur um die eine einzige Frage: WER BIN ICH? Wer will ICH jetzt gerade sein? Und ich bin eins mit der Quelle. Ich bin universelle Liebe und schenke diese auch.

Manchmal bin ich aber auch so voller Wut in dem Moment – schließlich bin ich nicht der Dalai Lama - dass ich mir dann einen Kniff überlegt habe, um nicht mein kleines verletztes Ego (oh, er hat mich beleidigt!) gewinnen zu lassen: Ich atme tief durch und gehe erst mal aus dem Raum. Dann atme ich noch ein paar Mal tief durch und frage mich: „Maria, wer bist du? Wer willst du jetzt sein?" Und wenn man sooo voller Wut auf den Partner zum Beispiel in dem Moment ist, dass man wirklich kein Mitgefühl, kein Verständnis entwickeln kann, eines geht immer: Vergebung! Innerlich zu sagen: Ich vergebe dir, das ist der leichteste Weg und immerhin ein kleiner Schritt in Richtung mein höchstes Selbst. Hilfreich ist dann übrigens auch, mit seinem kleinen kindlichen Ego innerlich zu sprechen: „Hallo, du hast jetzt Pause! Du hörst jetzt mal der Seele zu, deiner besten Freundin, die dir immer hilft und auch dich liebt." Und dann, wenn ich langsam anfange zu schmunzeln, mich daran erinnere, dass mir gerade durch die Herausforderung (schreiender Partner/Kind/Chef) im besonderen Maße die Möglichkeit geschenkt wurde, ein Licht zu sein, geht es mir viel besser. Dann fühle ich den inneren Frieden, der unserer wahren Natur entspricht. Jemandem zu vergeben heißt immer, sich selbst zu vergeben.

Doch nehmen wir an, auch das Rausgehen aus der Situation und das Durchatmen reicht noch nicht aus, um wieder in die eigene innere Mitte zu gelangen – dann gehe ich über zu Kniff 2. Dazu sollte man ebenfalls den Raum verlassen und erst einmal zur Ruhe kommen. Ist der Groll gegenüber dem Partner/Kind/Chef - oder mit wem auch immer man gerade im Clinch liegt - auch nach Stunden noch nicht verflogen, dann setze ich mich an einen Tisch und schreibe haargenau die Streit-Situation beziehungsweise den Ärger auf: Was sagte er/sie genau zu mir? Was sagte ich dann? Dann kommt die Überlegung warum sagte er/sie das wohl zu mir? Sprich: Worum ging es wirklich? Fühlte er/sie sich in Wahrheit von mir verletzt oder nicht geliebt? Hatte er/sie Ärger in der Firma oder ist er/sie traurig wegen einer anderen Sache (kranke Eltern? Freunde?) Hat er/sie Schmerzen? Wenn ich auch dies aufgeschrieben habe, dann komme ich am Ende zum Mitgefühl und zum Verständnis, das ich niederschreibe oder der Vergebung. Ganz am Ende schreibe ich auf: Ich lasse diese Situation JETZT los. All meinen Groll löse ich JETZT im Universum auf. Zum Schluss verbrenne ich den Zettel. Probiere es mal aus, wenn du echten Ärger oder Kummer mit deinem Partner/Kind/Freund/Eltern/Chef hast – fühlt sich innerlich an wie eine Befreiung. Herrlich! Ja, es IST eine Befreiung. Wie eine Kettensprengung der Seele.

Und mal ehrlich: Es gibt ja auch die Situationen, in denen man selbst richtig schlecht drauf ist und dann kommt da noch ein anderer daher und raunt einen an, da kann man auch schon mal explodieren – schließlich sind wir alle noch auf dem Weg und noch nicht Buddha!

Mein Tipp: Dann vergib dir anschließend selbst. Bist du wieder in deiner inneren Mitte, dann überlege und schreibe am besten auf, was dich wirklich so zum Kochen gebracht hat – es war ganz sicher nicht der andere! Was brodelt also wirklich in dir? Und dann vergib dir nochmal und lass die Situation los, übergib sie dem Universum/der göttlichen Quelle.

Jetzt wird der eine oder andere sagen: Moment, ich lasse mich doch nicht anschreien oder gar schlagen! Ja! Ich lasse mich auch nicht schlagen. Doch nehmen wir an, dies würde einmal passieren – auch dann habe ich die Wahl: Wähle ich die Angst, aus der Zorn, Wut und Aggression entsteht, sprich: Ich schlage zurück oder schreie. Und: Wie fühlt sich das in mir dann an? Fühle ich mich dabei wirklich gut? Oder vergebe ich dem, der mich geschlagen hat, entwickle vielleicht sogar Mitgefühl für ihn und Verständnis, und sehe denjenigen dann nie wieder, lasse ihn nicht mehr in meinen inneren Kreis mit dem aufrichtigen Wunsch für diesen Menschen, dass dieser sein Seelen-Heil (heile Seele!) finden möge auf seinem weiteren Weg. Und: Wie fühlt sich das für mich an? Und gehe ich womöglich noch einen Schritt weiter und frage mich: Was wollte mir diese Seele (nicht der Mensch, der geschlagen hat, sondern sein göttlicher Kern!) gerade mitteilen/schenken an Erfahrung? Warum widerfährt mir das? Was kann ich daraus Positives ziehen?

Ich möchte hier noch einmal deutlich sagen: Es geht nicht darum, Schläge zu dulden oder es zu dulden, sich ständig anschreien zu lassen. Ich würde einen Mann, der mich schlägt, sofort verlassen. Und Gott sei Dank (hier passt das Gott sei Dank mal wirklich!) wurde ich noch nie geschlagen. Viel mehr geht es mir um die Frage WIE verlasse ich dann den anderen oder wie reagiere ich, wenn der andere schreit.

Denn: Mein/dein Selbst ist göttlich. Wir sind alle Facetten von Liebe – wenn wir uns erinnern! Auf der Seelenebene bist du gütig, verständnisvoll und mitfühlend. Du bist einzigartig und gleichzeitig ein Teil von allem, was ist. Es gibt keine Um-Welt, nur unsere Mit-

Welt. Wir SIND die Natur. Wir sind jeder Mensch. Wir sind jedes Tier. Wir sind das Universum. Jede Seele ist ein Teil der Schöpfung, Gott ist die Schöpfung. Somit ist alles, was wir sehen, hören, fühlen, denken, schmecken, riechen, berühren, sagen, tun, auch Gott. Jede Pflanze ist Gott. Jedes Tier. Jeder Mensch. Jedes Element - Feuer/Licht, Erde, Wasser, Luft, Äther/Leere - ist Gott und Göttin. Und wir SIND jedes dieser Elemente zugleich. Das Licht, das Feuer, das Wasser, die Erde, der Äther sind in uns. Nichts ist hier so, wie es scheint. Es gibt keine Trennung, sie ist nur Schein. Bereits Albert Einstein wusste: „Die Wirklichkeit ist nur eine Illusion, wenn auch eine hartnäckige." Wir sind in allem, was atmet, was ist. Denn unsere Energien durchweben sich. Und unsere Energiequelle nennen wir Gott oder Göttin oder Allah oder Kosmos oder Pusteblume, o-der, oder, oder. Nenne sie oder ihn, wie du es fühlst in dir. Es ist immer die Quelle allen Seins, die uns alle durchwebt, erhellt. Jeder Atemzug verbindet uns mit der Quelle und untereinander. Ewig.

Manchmal ist das sogar stark fühlbar. Das kennst du sicherlich auch: Du sitzt neben jemanden, der zum Beispiel gleich einen Auftritt hat (Sohn? Tochter?) und derjenige hat große Angst. Er/sie sagt nichts zu dir, aber du kannst diese Angst fühlen, du fühlst diese Energie, weil sie auch in deine Aura strömt. Oder du denkst ganz stark an jemanden, und der ruft genau in dem Augenblick an. Nur durch unsere Verbundenheit mit jedem Menschen, Tier etc. können wir jede Energie spüren. Leider verlernen wir als Erwachsene immer mehr, sie auch bewusst wahrzunehmen. Unser Körper, jede Materie, ist nichts anderes als verdichtete Energie. Und daher fühlen wir mit jeder Pore, wenn jemand neben uns Angst hat oder sich total freut o-der frisch verliebt ist. Wir fühlen, wenn jemand sehr stark an uns denkt. Die Energie durchdringt dann auch uns. So können wir unsere Liebesenergie, die wir in Wahrheit sind, jederzeit, wenn wir es nur wollen, an jeden auf dieser Erde senden. Ist das nicht wundervoll? Und jeder Weg, den wir gehen, führt zurück zur Quelle. Sie ist die große Kraft in uns, unsere kosmische Steckdose. Und egal was wir tun, sagen, denken, fühlen - wir sind eins mit dieser Quelle.

Und auch hier sage ich noch einmal ganz deutlich: Ich spreche hier von zwei verschiedenen Ebenen. Alles oben beschriebene ist unsere Seelenebene, unser Kern. Dass wir Menschen – die andere Ebene – nicht immer verständnisvoll oder mitfühlend oder voller Liebe handeln, ist klar. Manchmal sind wir Menschen eben verdunkelt, vernebelt. Wir sehen dann nicht mehr mit unserer Seele, unserem Kern, sondern mit den Augen unseres Egos, der Angst. Doch das macht nichts. Denn unsere Seele ist ewig verbunden mit der Quelle – egal wie verdunkelt wir Menschen gerade sind. Was für ein Geschenk, oder? Denn dies einmal weitergedacht, bedeutet: Es gibt nichts Falsches, nichts Böses, nichts Schlechtes, das wir tun, sagen, denken, fühlen können. Denn diese Traumwelt Gottes, dieser Spielplatz Erde, den er für uns erschaffen hat, dient nur einem Sinn: Wir dürfen unsere Göttlichkeit hier ERFAHREN. Wir dürfen unser Licht-Sein erfahren durch all unsere Gedanken, Gefühle, Worte und Taten, die wir erschaffen. Und wir können in jedem Augenblick unser höchstes Selbst erschaffen: Liebe. Wir können genauso aber auch stehlen oder lügen – denn wir bekommen immer und immer wieder hier in unzähligen Leben die Gelegenheit, uns daran zu erinnern, wer wir wirklich sind: Liebesenergie in allen Facetten.

Das wirklich Wichtige dabei ist: Nichts ist hier, wie es scheint. Alles – wirklich alles – ist nur so, wie wir, du, ich, es ERFAHREN wollen. Es ist immer die Frage, wie du etwas empfinden WILLST. Somit bist du immer dein Schöpfer. Beispiel: Nehmen wir an, du hast einen schweren Unfall, sitzt danach im Rollstuhl. Man könnte jetzt diesen Unfall bewerten und sagen: Oh wie schrecklich. Aber ist er das wirklich? Vielmehr geht es nun darum, wie du diesen Akt erfahren willst, was du daraus machst. Gutes Beispiel hier ist Samuel Koch, der Mann, der bei „Wetten, dass…?" mit den Sprungfedern über die Autos sprang und sich so schwer verletzte, dass er nun im Rollstuhl sitzt, querschnittsgelähmt ist. Einige wären daran zerbrochen, er aber schrieb danach seine Biographie, die ein Bestseller wurde, heiratete seine Traumfrau, gründete eine Stiftung und macht Menschen

Mut, nicht zu verzweifeln. Es geht also immer darum, was ich aus einem Ereignis mache.

Dankbarkeit ist dabei ein wichtiges Wort. Ich kann für alles dankbar sein oder für nichts. Aus Dankbarkeit entsteht Licht. Ich kann für mein Bett dankbar sein, für jeden Morgen, den ich erlebe, ich kann für meine Zahnbürste dankbar sein, ich kann aber auch nichts von alledem wahrnehmen. Es liegt an uns, was wir empfinden, denn wir erschaffen unsere Empfindungen zu allem, was ist. Toll, oder? Wie heißt es so schön: Du bist deines Glückes Schmied! Und so ist es. Vielleicht kannst du nicht immer beeinflussen, WAS dir widerfährt, aber du kannst immer beeinflussen WIE du etwas empfindest, WIE du die Dinge erfahren willst. Das ist das Entscheidende. Dazu benötigst du nur etwas Bewusstsein. Bewusst die Dinge sehen, fühlen, sagen, hören, riechen, empfinden, denken, tun. Dann kannst du schmieden. Liebe schmieden oder auch leidvolle Gefühle, es liegt ganz in deiner Hand, was und wer du sein willst in jedem Augenblick!

Du bist auf der Seelenebene gnädig, vollkommen, gütig und göttlich. Du bist verständnisvoll, geduldig und dankbar. Du bist helfend, mitfühlend und heilend. Du bist friedvoll, barmherzig und vertrauensvoll. Du bist frei, ehrlich und voller Freude. Du bist unendlich reich und unendlich bereichernd. Du bist kerngesund, denn die Quelle ist dein Kern, dein Selbst.

Und handle, spreche oder denke ich mal nicht selbst-bewusst, so ist mein wahres Sein verdunkelt – was sagte Jesus Christus: „Vergib ihnen Vater, denn sie wissen nicht, was sie tun!" Ja! Die göttliche Seele, die in jedem Menschen weilt, wird lediglich in diesem Spiel „Leben" durch die Angst, die wiederum in Wut und Aggression münden kann, verdunkelt. Der Mensch weiß dann nicht mehr, was er tut. Vor Angst, die er in Wirklichkeit nicht ist. Umarme deine Dämonen, dann verlieren sie ihre Kraft. Umarme deinen sogenannten Feind, deine Angst, dann fühlt sich dein Herz plötzlich leicht an und lächelnd. Vergib dir selbst, liebe dich selbst, und vergib jedem, der dir auf deinem Weg begegnet. Denn immer bist es auch in irgendeiner Form du selbst, dem du begegnest.

An diesem Bewusst-Sein kann man wirklich zimmern. Wenn ich vernebelt bin, dann spüre und rufe ich inzwischen immer häufiger ein inneres „Stopp! Das bin ich nicht. Aus!" Und sage mir: „Jede Erfahrung hat einen Sinn und wird mir nur aus einem Grund geschickt: Damit ich mein Licht erfahren kann." Das durchströmt mich dann mit sooo viel Glück und Seligkeit, dass ich jedes Mal breit lächele.

Wie gesagt: Nichts ist, wie es scheint – und wir haben immer die Wahl, ob wir Dinge als Problem betrachten oder als sinnvolle Erfahrung, Herausforderung. Wir erschaffen unsere Empfindung zu allem. Es hat nie ein sogenannter anderer „schuld", denn nur du bist in diesem Spiel dein Schöpfer und du kannst alles erschaffen, sein, haben, denken, fühlen, sagen, tun, was du willst. Ist es kalt bei 0 Grad? Du erschaffst deine Empfindung dazu. Alles ist immer eine Frage deiner Bewertung.

Ich sehe die Welt jetzt häufiger mit meinen „neuen" Augen, höre sie mit meinen „neuen" Ohren, denke mit meinem „neuen" Verstand und betrachte alles als ein Geschenk des Wachstums. Sind Schmerzen schlecht? Natürlich können sie einen verrückt machen oder gar zum Weinen bringen. Und trotzdem kannst du sie auch als ein Geschenk sehen, eine Erfahrung, die dich wachsen lässt, zum Beispiel mehr Mitgefühl für andere zu haben, die Schmerzen „erleiden". Die Dankbarkeit in dir zu fühlen, weil dir das Geschenk der Erinnerung gemacht wurde, wie es ist, ohne Schmerzen zu sein. Deine Seele sucht sich die Erfahrungen aus, die sie haben möchte, um die eigene Göttlichkeit wiederzufinden, zu er-leben. Und ich nehme jede Erfahrung als Gelegenheit zum Wachstum, als Geschenk voller Dankbarkeit und Liebe an. Klar: Das gelingt mir nicht immer gleich, aber mit Abstand inzwischen meistens schon. Denn wirklich nichts geschieht aus Zufall. Das Universum/Gott sorgt für uns genauso, wie es gut für uns ist. Und er/sie/es liebt uns – und zwar genau so, wie wir sind.

Wichtig ist mir an dieser Stelle zu betonen: Es geht dabei nicht um Religion, nicht um Kirche – im Gegenteil! Ich für meinen Teil habe mich schon lange vom sogenannten Bodenpersonal getrennt. Ob du nun Christ, Jude, Buddhist, Moslem, Atheist oder Pantheist bist – das ist egal. Mach dir deine eigenen Gedanken. Horch in dich hinein, tief in deine Seele, darum geht es. Denn nichts, was wichtig ist, ist im Außen, alles ist in dir. Die Liebe zu dir selbst. Die Liebe zu allen Menschen, die Liebe zu der gesamten Schöpfung. Und es ist so leicht, die universelle Liebe zu jeder Seele zu fühlen. Hin und wieder den Mit-Menschen, der gerade schlechte Laune hat und grummelt, innerlich beiseite zu schieben und sich zu erinnern: Das ist nicht wirklich er oder sie! Du Seele in diesem Menschen hast gerade all mein Mitgefühl, meine universelle Liebe! Das fühlt sich wundervoll und befreiend an. Probiere es doch in deiner Partnerschaft das nächste Mal aus! Nicht länger dem anderen die Schuld zu geben für einen schlechten Tag, die eigene schlechte Laune oder Wut, sondern sich selbst zu sagen: „Moment! Ich habe mir das ausgesucht. Diesen Partner. Diesen Augenblick, so wie er ist. Die Empfindung dazu erschaffe ich! Ich bin kein Opfer, ich bin der Täter. Ich bin der Schmied meines Seins und ich erschaffe jetzt Liebe!" Alles ist relativ. Da hätten wir noch einmal Albert Einstein, der sagte: „Wenn man mit dem Mädchen, das man liebt, zwei Stunden zusammensitzt, denkt man, es ist nur eine Minute. Wenn man aber nur eine Minute auf einem heißen Ofen sitzt, denkt man, es sind zwei Stunden. Das ist die Relativität."

Armut ist relativ. Gesundheit ist relativ. Glück ist relativ. Es liegt an dir, wie du alles annimmst, was im Außen geschieht. Du verlierst deinen Job? Das kann man als großes Unglück empfinden oder als große Chance, endlich den Weg zu finden, der dir gut tut. Höre auf, ein Opfer der Umstände zu sein, denn das bist du nicht, das bin ich nicht. Wir können alles sein, tun, empfinden. Und nur ich kann es ändern, mich trennen, ein Gespräch führen, für ein Lachen in meinem Herzen sorgen. So ist jede Erfahrung, die du anderen schenkst – auch wenn du mal schreien solltest - für die „andere Seele" eine Erfahrung, die sie daran erinnert, wer sie wirklich ist. Gott schenkt uns also „verkleidet" als Thomas, Peter, Angelica oder wer auch immer die Möglichkeit, unser höchstes Selbst zu erschaffen und somit Liebe zu sein! Sicherlich kennst du diesen Satz: Der hat das aber auch gemacht. Oder: Die haben aber angefangen. Oder: Wenn der das macht, dann mach ich das auch. Hallo? Aufwachen! Wer bist du? Wer willst du sein? Alle anderen springen in die Elbe, also springst du auch? Alle Politiker sind korrupt, also bist du das auch? Die Welt, die Machthaber sind alle mies und böse? Alles ist schlecht? Okay, wenn du das so empfinden willst? Nur: Was bringt es dir, deiner Seele an Wachstum? Und was würde es dir, deiner Seele, bringen, dies alles stattdessen als wunderbare Herausforderung, Erfahrung, zu sehen? Indem du das Licht strahlen lässt, das du bist? Sich über Plastikmüll im Meer aufzuregen, die „andere" verursachen, ist einfach. Wenn du dich darüber aufregst, dann beginne, den Plastik auf der Straße, im Wald, der vor deinen Füßen oder am Rand liegt, aufzuheben und in den nächsten Mülleimer zu bringen. Und wenn dir das Thema ganz besonders nahe geht, dann engagiere dich. Spende oder tu etwas – schimpfen hilft nicht. Im Gegenteil: Empfinde die Müllberge als eine wundervolle Herausforderung, Gutes zu tun. Man kann nur ein Held sein, wenn es Schurken gibt! So läuft jeder Film, so läuft auch diese (Traum-)Welt, in der wir leben. Nur durch die Dunkelheit erfährst du dein Licht. Nur durch die Dualität erfährst du dein wahres Sein. Nur durch den Joker können wir alle zu Batman werden – um es einmal mit einem Film zu sagen. Dein Heldentum kannst du nur durch einen Bösewicht erfahren – oder um es anders auszudrücken: Wo keine „Umweltsünder" sind, da gibt es auch keine Möglichkeit, heldenreich aufzustehen und für den Klimaschutz zum Beispiel zu kämpfen. Und es liegt immer an dir, ob du den „Umweltsünder"-Weg wählst oder den einer Greta Thunberg zum Beispiel. Keine Wertung! Du kannst hier alles sein, super, oder? Und jeder Weg führt dich letztendlich nach Hause, zurück zur göttlichen Quelle, mit der du ohnehin immer vereint bist. Wie das Meer mit jeder Welle. Und gleichzeitig hast du die Wahl, wie viele Umwege, wie viele Kurven du gehen möchtest. Das Leben ist immer Dualität: Gut-Böse. Hell-Dunkel. Freude-Leid. Angst-Liebe. Nur durch diese Gegensätzlichkeit, die es in allem gibt, kannst du dein wahres Selbst erfahren. Wenn ich die verschiedenen Facetten von Angst gefühlt habe – zum Beispiel Wut, Sorge, Geiz, Gier, Aggression, Hass – kann ich auch die Liebe, die ich in Wahrheit bin, erfahren. Du kannst dich in jedem Moment für die Liebe entscheiden und sie sein. Aus Liebe resultiert Vertrauen, Frieden, Offenheit, Güte, Freude, Dankbarkeit, Geben. Jetzt könnte man sagen: Dann ist es ja ganz egal, was ich hier tue, wenn ich sowieso bei Gott lande – das ist es nicht!

Nehmen wir nochmal das Bild von der Erde als Spielplatz und dich und mich als Kinder in der Sandkiste. Möchtest du dann, dass ich dir die Schaufel wegnehme? Und was fühle ich dabei, wenn du dann weinst? Ich schenke also meiner Seele in dem Augenblick Leid. Das kann ich tun, denn jede Erfahrung führt mich weiter. Aber ist das die Erfahrung, die ich machen möchte? Oder führt mich diese Erfahrung nicht auf einen großen Umweg zu Gott, zu vielen weiteren Inkarnationen und zu einem schlechten Gewissen – denn unser Gewissen ist unsere Seele, die dann laut schreit: Neeein! Und: Wenn ich als Kind den Sandkasten (also Teile der Erde) verwüste, so dass danach die Kinder (also kommende Generationen Menschen) nicht mehr darin spielen (leben) können, was empfinden diese Kinder dann? Wut! Und auch die Eltern sind wütend, dass ihre Kinder in der Sandkiste nicht mehr spielen können – die Eltern, die einst mit dafür gesorgt haben, dass die Sandkiste verwüstet wurde. Sie schämen sich dann, sie ärgern sich über ihre Dummheit und doch resultiert aus all dem genau das eine: Wir ernten, was wir säen! Das ist immer das kosmische, göttliche Gesetz. Wir ernten, was wir säen. Und wer Wind sät, wird Sturm ernten – steht schon in der Bibel! Wir säen Verwüstung? Können wir machen, klar. Ist eine Erfahrung.

Aber dann ernten wir Wut, Hass und Trauer. Wir säen Gier, Ausbeutung, Hunger in einigen Ländern? Dann ernten wir unfähige Machthaber und Völker, die aus ihren „Sandkisten" auf die noch übrig gebliebenen heilen Spielgeräte auf dem Platz fliehen (nach Europa). Wir ernten Angst und Terrorismus, sprich Gegenwehr. Es ist ein bisschen wie in dem Film „Die Tribute von Panem" – das Kapitol wird als letztes, heiles Spielzeug vom Rest der Spielplatzkinder mit Schaufeln, Eimern, Geschrei und Stoßen und Hauen in Beschlag genommen. Sicher: Das können wir tun – schließlich ist es ein Spiel, unser Selbst ist unantastbar – doch sind das die Erfahrungen, die wir uns wünschen? Sind das die Erfahrungen, die unser wahres Selbst, unsere Seele, widerspiegeln, unsere Göttlichkeit zeigen?

Ich weiß, ich wiederhole mich in diesem Kapitel das eine oder andere Mal. Das zeigt, wie wichtig mir ist, auf verschiedenen Wegen meine Botschaft an dich zu senden. Also nochmal: Du bist immer dein Schöpfer. Und du kannst alles erschaffen. Herrlich, oder? Und wenn du irgendwann tief in dir verinnerlicht hast, dass du nur Liebe bist, du auch nichts zu verlieren hast, nichts brauchst, da du alles in dir hast, dir nichts geschehen kann, weil du ewig eins bist mit der Quelle, dem Universum, dem All (welch zweideutiges Wort, oder?) und somit unsterblich bist, dann bist du frei, Angst-frei. Dann hast du die innere Freiheit, die göttlich ist. Dann weißt du, denn Wissen ist Gott, dann hast du genug erfahren, denn Gott erfährt sich durch dich (Jesus), und dann bist du am Ende im Sein, dem heiligen Geist.

Natürlich gibt es immer wieder Momente, in denen ich all diese Weisheiten vergesse und in alte Muster zurückfalle. Ich bin hier auf der Erde ja auch ein Mensch. Und das oben erwähnte „Wahre Sein" mein „Ich bin" (weise, barmherzig, verständnisvoll etc.) lebe ich natürlich auch nicht immer. Ich bin ja wie gesagt leider nicht Buddha! Bis heute packt mich immer mal wieder die Wut über irgendwas. Bis heute habe ich immer wieder Angst vor irgendwas. Das ist menschlich – im wahrsten Sinne des Wortes. Es ist MENSCHLICH, aber es entspricht uns nicht wirklich. Sich das immer wieder bewusst zu machen, und dann sich auch bewusst neu zu programmieren, ist wundervoll. Die Angst in dem Moment zu sehen und sich selbst zu sagen: „Moment, stopp! Das bin ich doch gar nicht." Das ist befreiend. Und immerhin weiß ich diese Dinge jetzt und bin mir meines wahren Seins zumindest hin und wieder bewusst und LEBE so mein wahres Sein auch hin und wieder bewusst. Immerhin wie gesagt! Und ich habe ein gutes Mittel gefunden, wieder in meine Mitte zu gelangen, wenn mein süßes, kleines Ego mal wieder die Kontrolle übernimmt. Jedes Mal, wenn mir „böse" Gedanken kommen, damit meine ich egoistische Gedanken, oder dass ich für irgendetwas einem anderen die Schuld gebe, dann singe ich laut oder auch tonlos in mir: Wer, wer, wer, wer, wer, wer! Als Tonleiter. Denn das bin nicht ich, der diese Gedanken hat, sie gehören nicht zu meinem wahren Selbst, meiner Seele. Es sind die Gedanken des Egos. Man kann das Wort „wer" natürlich auch ersetzen und stattdessen Aus, Aus, Aus oder Ha, Ha, Ha singen. Wichtig ist, dass man sich bewusst wird, wer man wirklich ist, und dass diese Gedanken nicht zu einem gehören. Mir hilft dieser kleine Kniff ziemlich gut.

Monat 10: Juni

Derweil hatten wir Juni, als mich eines Tages im Treppenhaus einer meiner zahlreichen Nachbarn ansprach. Ein wirklich gutaussehender, junger Mann, vor Lebensfreude sprühend, Typ Dr. Eckart von Hirschhausen in jung, erzählte mir eine gefühlte Stunde lang sein Leben. Er arbeite als Arzt im Krankenhaus, habe zuvor in der Schweiz gewohnt und er mache seinen Beruf voller Freude. Sagte er. Nebenbei habe er noch zwei weitere Leidenschaften: Im Chor zu singen und zu fotografieren. Nun: Ich fand ihn wirklich spannend. Und so wundervoll positiv! Allerdings dachte ich im zweiten Moment, er könnte doch etwas jung für mich sein. Mitte 30? Egal. Er schien großes Interesse an mir zu haben, erzählte, wo und wann er mich und meinen Hund schon gesehen hätte und dass er unten im Haus am kommenden Wochenende seine Fotos ausstellen würde, ob ich nicht Lust hätte, auch zu kommen. Ich hatte Lust. Doch sechs Tage später – ein Tag vor der Ausstellung – stand am späten Abend seine Haustür offen, wohl der Hitze geschuldet, die zu dem Zeitpunkt in Hamburg herrschte. Man sollte als Leser vielleicht dazu wissen, dass es sich bei unserem geschätzten 24 Wohnungen-Altbauhaus um ein sehr lockeres, junges Haus handelt. So ging ich gerade von einem weinreichen Abend zurückkehrend an seiner Wohnung vorbei, roch den Duft von frisch Gebackenem, ging hinein, da ja die Tür offen war, und sagte laut: „Moin". Da stand er in Schürze in seiner kleinen Küche, Törtchen backend und neben ihm, fast schon überflüssig zu erwähnen, oder? Ein zarter weiterer hübscher junger Mann. Die Sache war klar: schwul! Schade, dachte ich. Wobei ich überhaupt nichts gegen Schwule habe, aber schade dachte ich dennoch. Wir unterhielten uns kurz nett und er bat mich nochmals, doch unbedingt zu seiner Fotoausstellung zu kommen. Nun, ich kam. Weil ich an meine Lektüre dachte und fühlte, dass es sich hierbei um eine weitere kostbare Erfahrung handeln würde. Tatsächlich waren auf der Ausstellung noch viele andere Schwule, zwei sehr alte Damen und ich. Voller Enthusiasmus zeigte er mir seine Fotos, seine größte Leidenschaft, wie er betonte. Und dann sang er zur Krönung mit einem befreundeten Pärchen zu dritt einen Canon – du hast es erraten – seine zweite Leidenschaft. Ich ging in meine Wohnung zurück, setzte mich auf einen Stuhl und überlegte: Was sollte mir diese kuriose Erfahrung nun sagen? Ich kam schnell drauf, denn ich fragte mich, was eigentlich meine Leidenschaften waren, die ich womöglich vergraben hatte. Ja! Das Tanzen. Ich liebe es zu tanzen. Schon immer war das meine große Leidenschaft, ob allein, zu zweit, am liebsten allerdings ganz klassisch Rumba, Cha Cha, Walzer und Co. Schon als Kind und als Jugendliche schmiss ich, wenn ich aus der Schule kam und schlechte Laune hatte, meinen Ranzen in die Ecke, ging ins Wohnzimmer, machte Musik an und tanzte. Ich tanzte so lange, bis mir der Schweiß runterlief und ich wieder gute Laune hatte. Das klappte immer. Nebenbei hatten eine Freundin und ich damals eine Jazzdance-AG, in der wir jüngeren Schülern unsere ausgedachten Schrittfolgen zu Musik beibrachten – meistens zu Michael Jackson. Wir überlegten uns Kostüme und hatten richtig gute Aufführungen in unserer Schule. Herrlich! Jahrelang besuchten wir zwei ziemlich beste Freundinnen die Tanzschule - was war das doch für eine wunderschöne Zeit – so leicht, so unbeschwert, so voller Lachen, voller Flirtereien. Mit Engtanz zu „Dreams are my Reality" und „The Captain of her heart". Erste Umarmungen, erste Küsse, erste Liebe – seufz! Wir stellten uns mit einem Ghettoblaster bewaffnet auf die Mönckebergstrasse und tanzten - aus Spaß und um ein bisschen Geld dazu zu verdienen. Ach, überhaupt hatte ich eine echte Bullerbü-Kindheit und Jugend mit einem Traum-Papa, wie ich ja bereits erwähnte, aber auch mit einer Traum-Mama, die mir immer vertraute, mir den Rücken stärkte und mir vor allem eins mit auf meinen Lebensweg gab: Stell dein Licht niemals unter den Scheffel! Und: Du bist genauso viel wert wie jeder Mann und kannst alles erreichen, was du willst. Mit ihr fuhr ich häufiger zu zweit in den Urlaub und konnte wirklich jedes Geheimnis mit ihr teilen. Das Tolle: Sie verurteilte mich nie. Hörte zu. Gab gute Ratschläge. Vielen Dank, liebe Mama, an dieser Stelle!

Doch zurück zu meiner größten Leidenschaft: Erst viele Jahre später tanzte ich in meiner Ehe wieder. Wie mit einer Reset-Taste spulte ich da ein klein wenig mein Leben zurück und fing mit meinem damaligen Mann Peter vom Grund-Kursus alles wieder von vorne an – grandios! Jahrelang tanzten wir uns nach oben und waren irgendwann richtig gut, fingen sogar an, Turniere zu tanzen. Bis unser Sohn zur Welt kam – mein schönstes Geschenk vom Universum. Doch auch dann fegten wir noch sechs Jahre lang einmal die Woche nur so aus Spaß über das Parkett, bis unsere Ehe leider zerbrach. Die Liebe war uns über die Jahre irgendwie abhanden gekommen. Trotz des Tanzens. War unser junges Alter, waren unsere großen Erwartungen „schuld" daran? Wohl auch. Wir gingen auseinander – Gott sei Dank ohne Rosenkrieg und ohne Zorn. Wir machten das so richtig erwachsen und ich muss heute sagen: Da bin ich wirklich stolz auf uns. Denn noch heute sind wir freundschaftlich verbunden und kriegen das mit unserem Sohn gut hin. Das Schöne ist, denke ich, dass wir beide etwas daraus gelernt, sprich erfahren haben, wir beide ohne Groll und mit Liebe auf unsere gemeinsamen Jahre zurückblicken. Alles hat eben seine Zeit oder um es mit Edith Piaf zu sagen: Je ne regrette rien … Zumal, wie gesagt, mein schönstes Geschenk vom Universum, mein Sohn Julius, mir seitdem jeden Tag aufs Neue zeigt, wie sehr ich lieben kann – bedingungslos. Für ihn würde ich wirklich alles tun und seine Entwicklung Jahr für Jahr mitzuerleben, ist umwerfend. Klar: Die Pubertät ist nicht immer nur lustig und leicht, doch ist er schon jetzt innerlich so reif und klug, dass er mich manchmal in baffes Staunen versetzt. Mal philosophiert er mit mir über das Leben, mal erinnert er mich daran, wie gut wir es doch haben und die Dinge positiv zu sehen. Ja, ja, auch ich vergesse das trotz meiner weisen Bücher und verinnerlichten Gedanken immer wieder. Danke, mein Sohn, dass ich deine Mama sein darf. Ich danke dir aus tiefster Seele für dein Sein.

Doch zurück zum Tanzen: Auch mit Jan hatte ich Rumba und Co. dann mal in einer Tanzschule versucht, doch bereits nach einem Kursus hatte er keine Lust mehr verspürt, so gaben wir es auf.

Als zweite Leidenschaft fiel mir das Doppelkopfspielen ein. Viele Jahre hatte ich jeden Sonntag mit meinen Eltern und einem Partner meiner Wahl (in der Jugend wechselten sie schon mal häufiger – hmmm – später wurde irgendwie auch nur der Turnus etwas länger) lustige Doppelkopfabende verbracht, doch auch diese gingen mit meinem Freund Jan zu Ende, weil er leider die Angewohnheit hatte, nicht wirklich verlieren zu können – oder um genauer zu werden: Nachdem er zum wiederholten Male die Karten hingeschmissen hatte und laut wurde, sagten mir meine Eltern, dass sie mit ihm nicht mehr spielen würden.

Also ging ich wieder in mein heißgeliebtes Internet und gab einfach mal die Schlagworte ‚Doppelkopfrunde Hamburg Mitspieler ge-sucht' ein, und siehe da, es kam auch etwas bei den Kleinanzeigen. Ich schrieb hin und er schrieb her, zu einem Spiel kam es bis heute leider nicht. Nun ja. Ein männlicher Tanzpartner war noch schwerer zu finden, und so gab ich einfach mal selbst eine Anzeige auf. Ohne Foto mit klarem Text, dass ich einen Tanzpartner suche, mindestens 1,83 Meter groß, gern mit etwas Erfahrung behaftet und vor allem mit der Lust, mal wieder zu tanzen. Es meldeten sich Männer. Oh ja. Der eine wollte mich unbedingt kennenlernen, der andere schrieb, er könne nicht tanzen und fände das sehr schade, ein dritter wollte gleich in die Horizontale. Doch dann klingelte mein Telefon. Ein Mann mit leicht ausländischem, ich riet südamerikanischen Akzent, sprach an der anderen Leitung und es entpuppte sich als langes, sehr interessantes Gespräch. Wir fühlten uns nach einer halben Stunde, als würden wir uns schon lange kennen und da ich am nächsten Tag nach Sylt fuhr, kamen wir nach einem höchst spannenden zweistün-digem Gespräch auf die Idee, noch am gleichen Abend etwas trinken zu gehen und uns kennenzulernen. Wie er aussehe, wollte er mir nicht verraten. Ich würde ihn schon erkennen, meinte er vielsagend. Auf dem Parkplatz an der Alster würde man sich treffen. Ich stieg aus und auf mich zu kam ein 1,90 Meter großer schwarzer Mann, behängt mit Goldketten und Goldringen, einem Hut auf dem Kopf, Seidenschal um den Hals und edelst gekleidet. Mit diesem Mann nicht aufzufallen – keine Chance, dachte ich. Es guckte jeder, und ich brauchte einige Minuten, um meine Gesichtsmuskeln wieder unter Kontrolle zu bekommen. Mit Roberto Blanco-Zähnen lächelte er mich an, nahm meine Hand und so gingen wir ins Café. Es folgte abermals ein zweistündiges, sehr nettes Gespräch, aus dem auch klar hervorging, was ich bereits auf den ersten Blick sah: Dieser Mann hat Geld. Viiiiel Geld. Villa nahe Hamburg, Stadtwohnung in Harvestehude, Cabrio, Mercedes G-Klasse, Ferienhaus auf Sardinien, eigene Firma in der Hafencity. Er sprach mehrere Sprachen fließend und seine ganze Haltung, Gestik und Artikulation ließen ein gutes Elternhaus erkennen. Milchkaffeebraune Haut wie Barack Obama ließ mich fragen, ob er womöglich von Hawaii käme, doch es war die Insel Mauritius, von der einst seine Eltern nach London zogen. Mit gemischten Gefühlen fuhr ich nach dem Abend nach Hause. Er wollte mehr, das sagte er deutlich. Und tanzen – gut, das wäre auch sehr schön. Doch was wollte ich?

Eine Woche auf Sylt mit meiner Freundin Isabel, meiner Tochter und ihrer Tochter ließen mir genügend Zeit nachzudenken. Ich joggte jeden Morgen durch die Dünenlandschaft bei Rantum und dachte mir nach einiger Zeit: Was soll`s. Treff dich einfach nochmal mit ihm, dann wirst du schon sehen, wohin das führt. Und sollte es nur zu einem Abend kommen, dann ist auch das eine wertvolle Erfahrung, die mich wachsen lässt. Davon abgesehen schlief meine sonst so temperamentvolle und unternehmungslustige Freundin die meiste Zeit des Urlaubs – ich wusste nicht, dass man von 21 Uhr abends bis 10 Uhr am nächsten Morgen durchschlafen kann und das sechs Tage lang – und wenn sie sich nicht ausruhte, dann klagte sie mir tagsüber ihr Leid. Sie war noch verheiratet und hatte seit einiger Zeit eine Affäre. Ihre Ehe lag schon seit 13 Jahren in Scherben und hielt nur den Anforderungen des äußeren Scheins „wir sind eine Familie" in seltenen Fällen stand. Warum die zwei sich nicht schon längst richtig trennten? Angst! Angst, ohne Geld als Kassiererin an der Aldi-Kasse zu landen, obwohl sie selbst gutes Geld verdiente. Angst, der Neue würde sie nicht lieben und noch eine andere haben. Angst, er könnte sie schon morgen wieder verlassen, weil sie zu uninteressant sein könnte für ihn. Richtig problematisch wurde die Situation dadurch, dass Mr. New weit weg in Süddeutschland wohnte, sodass viel Fantasie-Spielraum für einen Menschen blieb, der unter Eifersucht eigentlich permanent schwer litt. So hörte ich in den Stunden zwischen Schlaf und Schlaf stetig: „Meinst du, er liebt mich wirklich? Meinst du, er hat wieder etwas mit seiner Exfreundin angefangen? Warum meldet er sich nur einmal am Tag?" Und so weiter und so weiter. Ehrlich: Ich gab mir täglich Mühe, besänftigte sie und besänftigte mich. Denn zugegeben: So hatte ich mir eine Woche Sylt-Urlaub mit meiner Freundin Isabel nicht vorgestellt. Ich sagte mir, dass auch dies eine wertvolle Erfahrung sei, die nämlich, nichts zu erwarten. Ehrlich gesagt: Ich scheiterte kläglich! Klappt halt nicht immer, das zu denken, was man denken möchte. Wir kannten uns einfach zu lange, hatten zu viele schöne Urlaube voller echt heißer Mädels-Flirt-Abende verbracht, immer total unglaublich. Das Mal zuvor auf Sylt – viele Jahre früher, als unsere Kinder noch klein waren – saßen wir jeden Abend in der Sansibar, tranken mit irgendwelchen Männern an langen Tischen, lachten und erzählten Blödsinn. Wir fuhren viel zu schnell mit ihrem Auto über die Insel und grölten irre laut Roland Kaiser-Lieder mit, wie „Santa Maria" oder „Amore Mio" – herrlich bekloppt! Einmal vergaßen wir sogar, die Box oben auf dem Autodach zu schließen und mehrfach versuchten vorbeifahrende Menschen uns davon in Kenntnis zu setzen. Wir winkten fröhlich zurück, ja, okay, es war durchaus ein Hauch Alkohol im Spiel!

Legendär aber waren unsere fünf Tage auf Mallorca in Cala Ratjada. Auf dem Hinweg im Flugzeug, es war sechs Uhr in der Früh, sagte sie immer nur zu mir: „Ich hoffe, wir lernen ein paar tolle Typen kennen, am besten mit einer Yacht." Ich antwortete nur: „Vergiss es, da hätten wir nach Port Andratx fahren müssen und außerdem gibt es jüngere, knackigere Exemplare als uns, die von solchen Typen angesprochen werden." Immerhin waren wir zu dem Zeitpunkt „schon" Mitte 30. Wir kamen also morgens im Hotel bereits früh an, bekamen das tollste Zimmer und gingen völlig fertig und übermüdet gleich an den Strand und schliefen dort ein. Plötzlich erdröhnte Musik neben uns, der Strand wohlgemerkt rappelvoll, wir klappten langsam die Augen auf, drehten uns um und erlebten eine hollywoodreife Szene. Drei Männer mit einer Flasche Champagner und einigen Gläsern in der Hand standen neben uns und der eine sagte: „Wird ja auch Zeit, dass ihr mal aufwacht. Wollt ihr ein Glas Champagner?" Ich weiß, spätestens an dieser Stelle denkt jetzt jede Frau: Das hat sie sich ausgedacht, doch ich schwöre auf das Leben meiner Mutter, dass es so war. Bildhübsche, knackige junge Mädels lagen da rum, und die Typen sprachen UNS an! Ich ging erst Mal ins Meer, um aufzuwachen. Isabel trank lustig mit den Herren, alle drei so Mitte 40, und dann fragten sie uns, ob wir mit auf ihre Yacht kommen wollten. Ja, wirklich! Zwei Yachten lagen draußen auf dem Meer, ein kleines Schlauchboot lag am Strand und zwei der drei Herren gehörten die Schiffe. Ich guckte meine Freundin an und musste lachen. Auch sie fing an, schallend zu lachen. Und auf der Yacht lachten wir beim Champagner weiter. Alle drei aus dem Ruhrpott waren echte Frohnaturen, der eine warf gleich Schlager rein – nicht, dass ich die sonst höre, nur wenn ich feiere – und so fuhren wir über das Meer dahin. Der eine war Millionär, gutaussehend, ein Ebenbild des Schauspielers Ralph Herforth mit Mitte 40 und somit total mein Typ. Er fände mich scharf, sagte er, doch auch meine Freundin fand ihn toll. Da sie bereits damals schon mehr oder weniger in Trennung von ihrem Mann lebte (nur noch nicht so offiziell) und stets auf der Suche nach dem Retter aus ihrer Ehe auf dem weißen Pferd mit viel Geld suchte, ließ ich ihr den Vortritt. Abends gingen wir in den Klamotten der Männer, viel zu großen T-Shirts, essen, da wir keine Lust hatten, uns nochmal „schön" zu machen. Und spielten dann – natürlich mit viel Alkohol im Blut – ein Spiel mit dem Namen Lolli-Tausch. Zumindest tauften wir unser Spiel schnell mal so. Dabei wird ein Lolli in einer Runde von Mund zu Mund getauscht, ohne die Hände zu benutzen. Sehr heiß und sehr lustig. Ich ging irgendwann brav allein ins Hotel, Isabel unbrav mit auf die Yacht, doch bereits auf dem Flur in unserem Hotel hörte ich Party. Eine Jungs-

Truppe sah mich und lud mich ein, noch einen zu trinken, der eine sah aus wie Jürgen Drews in jung. Nicht schlecht, dachte ich, trank mit den Jungs einen, ging dann aber allein ins Bett. Ich hatte kein Interesse, war auch derweil mehr als müde. Zwei Tage später verließen unsere drei Yacht-Boys die Insel, und so wurde die Drews-Truppe unsere neue Crew. Abends ging es auf die Piste und einer hatte es erneut Isabel angetan. Sein Name? Vergessenswürdig! Beim Frühstück zu dritt erzählte er großspurig, er mache Heliskiing in Kanada und ich dachte im Stillen: Du meine Güte, hat der das nötig. Doch als er am Ende getrennt zahlen wollte – ich hatte nur einen Cappuccino und einen O-Saft, Isabel, die er wohlgemerkt begehrte, ein komplettes Frühstück - konnte ich nicht mehr an mich halten, meinte nur: „Heliskiing in Kanada - kannst aber nicht eine Frau zum Frühstück einladen, die du abschleppen willst". Meine Freundin lachte schallend und die Anekdote weiß ich nur noch deswegen so gut, weil sie mir die immer wieder erzählte. Nun: Ich vergebe ihm! (Lach!) Sein Weg ist eben sein Weg und auch der ist völlig in Ordnung. Möge der Beste in Heliskiing gewinnen! (Hi-Hi)

So – und nun dieser Kontrast zu diesem Sylt-Urlaub. Wir gingen nicht ein einziges Mal aus, kochten in unserem Apartment jeden Abend brav unsere Nudeln und sie schlief, schlief, schlief oder klagte, klagte, klagte. Mal ehrlich: Hättest du da nicht auch andere Erwartungen gehabt? Waren wir denn schon sooo alt geworden? Nun ja, ich hatte dadurch Zeit, viel zu lesen, viel zu joggen, viel nachzudenken und nach der Woche ging es zurück nach Hamburg.

Monat 11: Juli

Dort traf ich mich mit dem „Tänzer" zwei Tage nach meiner Rückkehr zum Essen. Ganz Gentleman holte er mich mit seinem Wagen ab, das Wetter war warm, wir saßen draußen und auch dieses Mal unterhielten wir uns kurzweilig und interessant. Doch wurde mir auch schnell bewusst, was für eine Diva mir da gegenübersaß. Kein Essen auf der Karte war gut genug, eine eigene Kreation wurde angefordert. Beim ersten Bissen hüstelte er, verschwand auf der Toilette und ward dann für die kommenden 20 Minuten nicht mehr gesehen. Ich hatte in der Zwischenzeit allein gegessen und er entschuldigte sich für sein Verschwinden. Das Essen rührte er kaum an, und immer wieder ging er wie bereits beim ersten Treffen seine Hände waschen, meinte, die würden sich schmutzig anfühlen. Merkwürdig, so dachte ich. Natürlich ging es in unserem Gespräch auch um das Thema Frauen und Männer und Beziehungen. Er habe schon mit sehr vielen Frauen geschlafen, sagte er, aber küssen würde er die Frauen so gut wie nie. Das sei ihm zu intim. Ich war leicht geschockt und erwiderte lediglich, dass es sich bei mir genau andersherum verhalten würde: Meine Bettgefährten könne ich durchaus noch an beiden Händen abzählen (gut, lass es vielleicht drei Hände sein), aber Küssen für mich das Allergrößte sei. Auch verstand und verstehe ich nicht, wie Sex ohne Küssen überhaupt möglich ist - das wäre für mich wie Karten spielen ohne Karten oder Gassi-Gehen ohne Hund – kannst du machen, nur irgendwie fehlt das Entscheidende! Dennoch kam er noch mit zu mir, wir setzten uns auf meinen Balkon, tranken Aperol Spritz und - tatata - küssten uns. Einmal! Das reichte mir, denn schon spürte ich, was ich bereits tief in mir, meiner Seele, wusste, dass ich diesen Mann nicht wollte. Diva und schlechter Küsser waren zwei Argumente zu viel. Ich bat ihn, nach Hause zu fahren, und so stand ich erneut ohne Tanzpartner oder die Aussicht auf einen da – doch um eine schöne Erfahrung reicher!

Ich weiß, das alles oben klingt nach einer Wertung – ist es auch! Und ich schmunzele gerade, da ich diese Zeilen schreibe. Wollte ich nicht aufhören zu werten? Ja, wollte ich. Will ich. Gelingt mir, dem Menschen Maria, aber leider nicht immer. Puh! Nun, eins weiß und fühle ich ganz sicher: Auch er wird seinen Deckel finden, auch er wird eine Liebe finden, die genau seine Eigenschaften liebt – und liebt, wie er küsst. Das ist das Tolle an dieser Erde – sie ist so wundervoll bunt! Voller bunter Töpfe und Deckel...

Nun: Ich dachte nach, was denn außer Tanzen und Doppelkopf, wozu man leider Gottes ja auch immer Partner braucht, noch so als Idee in mir schlummerte und kam auf Segelfliegen. Schon beim Fallschirmsprung war es weniger das Springen gewesen, was mich faszinierte, sondern die Tatsache, fliegen zu können. Ja, ja, ich weiß, man kann natürlich nicht wirklich fliegen, aber in der Luft zu schweben, ohne ein Motorengeräusch und lediglich mit einem Holländer und einem Fallschirm bewaffnet, das war großartig. In einem Segelflugzeug über die Ostseebucht dahin zu gleiten, so dachte ich, müsste ebenfalls traumhaft schön sein. So googelte ich mich abermals durchs Internet und fand dort auch einen Anbieter für derartige Höhenflüge. An einem Samstagmorgen fuhr ich schließlich mit Tochter und Eltern im strahlenden Sonnenschein nach Lübeck Blankensee, einem kleinen Flugplatz. Der weiße Segelflieger für zwei Personen lag bereits flugfertig auf der Bahn und nach einer kurzen Einweisung, in der man mir verriet, wo ich mich festhalten durfte, wie ich sitzen sollte und wie auch ich das Ding steuern könne, ging es auch schon los. Ich saß vorne, der Pilot hinter mir und mit einer Seilwinde wurden wir im rasenden Tempo nach oben gezogen, bis wir auf einer bestimmten Höhe vom Seil getrennt wurden und nur noch die Luft uns trug. Es war wundervoll. Kein Motorengeräusch störte, in der Ferne sah ich die Ostseebucht und unter uns Wald und Wiesen. Der Pilot erklärte mir abermals, ich solle jetzt den Steuerknüppel ganz leicht nach links führen, dann wieder nach rechts, doch waren meine Bewegungen etwas zu drastisch für dieses Fluggerät, so dass der Pilot meine Ausrichtungen gleich wieder korrigierte. Doch das Gefühl zu schweben, war wie eine riesige Umarmung des Himmels. Ich genoss es, auch wenn aufgrund der Thermik der Flug leider nur ungefähr fünfzehn Minuten dauerte. Ein zweiter und dritter Flug folgten, und meine Fähigkeiten als Pilotin stiegen. Am Ende war ich gar nicht mal so schlecht, so dass der Pilot kaum noch etwas korrigierte, nur ohne seine Unterweisungen – jetzt rechts, jetzt etwas links – wäre ich sonst wo gelandet nur niemals auf dem Flugfeld. Egal – es war ein wunderschönes Erlebnis und so ganz anders als der Fallschirmsprung, der mehr mit Adrenalin zu tun hatte, während dieser Höhenflug meine Seele berührte. Solltest du mal ausprobieren, ist sehr bewegend…

Doch ich gebe zu, trotz meiner täglichen Vertiefung in mein wahres Sein – der göttlichen Liebesenergie in mir – bei langen Spaziergängen durch die Natur mit meinem Hund, verspürte ich doch auch wieder die Lust auf Zweisamkeit. Ich hatte wirklich einiges gelernt, so zum Beispiel, mir selbst der beste Freund zu sein. Ich war das erste Mal in meinem Leben Single – und ich langweilte mich keinen Augenblick mit mir. Ob laufen, lesen, schreiben, Zumba tanzen oder rumalbern mit meinem Sohn, die Zeit war schön. Und ich hatte endlich ein tiefes, herrliches Gefühl in mir, glücklich mit mir selbst zu ein. Erwacht zu sein. Endlich mein Selbst gefunden zu haben. Ich war mir oft meiner Gefühle bewusst, meiner Gedanken und Worte bewusst, meiner Erfahrungen und Taten bewusst. Wunder-voll! Manchmal stand ich auch nur da und schmunzelte über mich, wenn ich mal wieder in alte Muster verfiel. Und dennoch: Ich wollte so gern all die Liebe in mir nicht nur länger mir selbst, meinem Sohn und meinem Hund schenken, sondern auch so gerne einem Partner. Fast täglich schrieb mir meine „Ich suche seit Jahren einen Mann im Internet"-Freundin Karin verzweifelte und bitterböse SMS über die Männerwelt. Einige Typen würden gar nicht zur Verabredung kommen, schrieb sie. Andere schauten bereits während des zweiten Treffens die ganze Zeit zu jüngeren Frauen hinüber, dritte seien so knauserig, dass es nicht mal zu einer Wein-Einladung reichte. Der Höhepunkt war, als ein Date von Karin, das schon Jahre zurücklag, unangekündigt an der Tür klingelte und ihr folgenden Vorschlag machte: „Ich kann mich nicht scheiden lassen, weil da zu viel Geld dranhängt. Pass auf: Du wirst meine Geliebte, ich nehme dich mit auf Reisen und dafür beteilige ich mich an deiner Miete!" Karin war erst sprachlos. Dann warf sie ihn hinaus. So ein klares Sex-Kauf-Angebot zu bekommen, war auch für sie unfassbar. Und dennoch ratterte in meinem Kopf vor allem eine Frage: Warum bekam immer sie solche merkwürdigen Angebote und Typen vor die Nase? Mir hat noch nie jemand so ein gruseliges Angebot gemacht und wird das sicher auch niemals tun. Es liegt also wohl an dem, was sie ausstrahlt: Ich bin nichts oder genau das oben Beschriebene wert! Das Universum gibt uns eben immer unser Echo, so ist das göttliche Gesetz. Wie es in den Wald hineinruft, so schallt es hinaus. Ursache und Wirkung. Wenn wir uns minderwertig fühlen (Ursache), dann erhalten wir genau das: minder-wertige Gefühle (Wirkung). Bis wir gelernt haben, dass wir nicht minder-wertig (interessantes Wort, wenn man es trennt) sind. Wir lernen also, unseren eigenen Wert zu schätzen. Prinzip des Wachstums. Wir bekommen somit vom Universum/Gott immer wieder voller Liebe die Möglichkeit vor die Füße geworfen, unser höchstes Selbst zu sein beziehungsweise uns daran zu erinnern, wer wir in Wahrheit (also auf der Seelenebene) sind: göttliche, vollkommene Liebesenergie/Lichtenergie.

Und obwohl ich weiß, dass sie vom Universum gerade wieder eine schöne Erfahrung geschenkt bekommen hat, nämlich die, ihre eigene Großartigkeit zu erkennen, habe ich natürlich auch viel Mitgefühl mit ihr auf der menschlichen Ebene. Ich weiß, dass Karin leidet, und das Traurige ist - sie glaubt tief in sich, dass sie einen guten Mann gar nicht verdient, weil sie selbst in ihrer Kindheit nur sehr wenig Liebe – wenn überhaupt - erfuhr. Sie sieht ihren eigenen Wert also nicht und diese Energie sendet sie aus. So erhält sie das, was sie glaubt zu verdienen – ein männliches Gegenüber, das nicht gut zu ihr ist. Der lieber nimmt, statt gibt. Lieber protzt, statt mal zuzuhören. Denn: Wenn du schon selbst nicht an dich glaubst, dich nicht liebst, wieso sollte es dann ein Fremder tun? Bitter, aber wahr! Erst wenn sie sich selbst liebt, respektiert, umarmt, wird sie auch einen Mann treffen, der genauso mit ihr umgeht, der auf seinem Weg hier auf dem gleichen Level ist. Und ehrlich: Ich wünsche ihr diesen inneren Weg von ganzen Herzen, denn nur dann findet sie irgendwann ihren Mr. Big.

Auch dies oben ist keine Wertung. Wie gesagt: Jeder geht seinen Weg, und jeder befindet sich aus einem Grund gerade dort, wo er steht. Und wenn sich zwei Menschen begegnen, die auf ihrem Seelenweg noch nicht so weit sind (sich minderwertig fühlen), dann hat auch das einen göttlichen Sinn und führt zum Wachstum. Somit ist alles gut und richtig, jeder Mensch ist gut und richtig, denn er gibt dem anderen in dem Moment genau das, was er zum Wachstum braucht – auch das vermeintliche „Arschloch" tut das! Wundervoll, oder?

In jedem Fall kam ich durch Karin auf die Idee, erneut über ein Online-Portal mit der Herrenwelt in Kontakt zu treten. Doch wollte ich das wirklich? Es rangen in mir zwei Kräfte: Zum einen fühlte ich mich so wundervoll frei ohne Kerl, endlich gab es keinen, der mir Regeln vorgeben wollte – ich weiß, dass dies mein Thema ist, das es innerlich zu bearbeiten gilt, denn ich bin schließlich meines Glückes Schmied und kein anderer ist für mein Glück verantwortlich - zum anderen hoffte das romantische Wesen in mir immer noch, meinen Seelenverwandten, meine Dualseele, zu finden. Den Mann, der mich auf allen Ebenen meines Seins – Körper, Geist und Seele – befruchtet, bereichert und den ich bereichere, befruchte. Mit dem ich lachen und tanzen kann. Der ebenfalls spirituell und gebildet ist. Der sich für Kultur und Reisen interessiert, die Natur liebt und Hunde. Mit dem ich voller Harmonie und Leichtigkeit auf einer Wellenlänge schwebe. Ja, ich glaube noch daran, dass es dich gibt hier auf dieser Erde. Nur: Wo bist du? Komm, zeig dich!

Monat 12: August

Natürlich, du hast es bereits erraten! Das romantische Wesen in mir gewann! Ich gab meine Daten ein und erstellte stundenlang mein Profil. Mit aktuellen Fotos und meinen Aussagen blieb ich ehrlich – und sogar mein wahres Alter verriet ich! Sicher als einzige Frau auf dem Portal. Kaum war ich eingeloggt, flatterten auch schon zahlreiche Herrenbotschaften samt Foto bei mir ein. Ich muss es ja mal sagen – trotz meines neuen positiven Bewusst-Seins – da schreiben einem ja Männer, bei denen man nicht weiß, soll man lachen oder weinen. Ihnen helfen oder sie nach Hause schicken zur Lektion 1 der „so lerne ich eine Frau kennen"-Schule. Einige schickten ein Foto und keinen Text. Andere ein schnödes: „Hallo". Mehr nicht. Dritte fragten an mit einem einfallsreichen: „Hallo Süße", und des Öfteren fragte ich mich, ob eigentlich irgendeiner dieser Männer (ich weiß, auch ihre Seelen sind göttlich und ich umarme sie voller Liebe!) zumindest im Profil über meine Körpergröße 1,75 Meter gestolpert ist. Denn kleine Männer scheint es wahrlich reichlich zu geben. Von 1,65 Meter bis 1,73 Meter versuchten sie es zahlreich bei mir. Auch der Umstand, dass ich nur in meiner Umgebung jemanden kennenlernen wollte, schien niemanden zu interessieren. Herren aus Bayern, Tirol, einer aus der Provence und viele aus Berlin wähnten sich anscheinend sehr in Hamburger Nähe oder hatten die Fähigkeit zum Beamen entwickelt. Und doch: Wer lange filtert, der filtert weise und am Ende blieben drei vermeintliche Perlen übrig. Ein Mann aus der Hafencity schien mir äußerst interessant: 1,92 Meter groß, gutaussehend, tatsächlich mein Alter und noch nicht über 60, schrieb und konnte sogar schreiben! Ein herrlicher SMS und Email-Verkehr à la „Gut gegen Nordwind" (super Buch von Daniel Glattauer, Goldmann Verlag, 288 Seiten) entwickelte sich. Ich lachte viel, verknallte mich sogar ein wenig, bis es schließlich zum ersten Treffen kam. Wir sahen uns – und es war toll! Dann sah ich seine Wohnung und mir schwante gleich Böses. Kein einziges Buch war zu sehen, dafür ein riesengroßer Fernseher, der die ganze Zeit im Hintergrund (erstes Treffen!!!!) lief. Er erzählte von seiner Arbeit. Er erzählte von seiner Arbeit. Und er erzählte von seiner Arbeit. Er sei ein Workaholic, liebe Großstädte wie New York und Luxus, Technik und kein Sport. Ich kam kaum zu Wort und - das drücke ich hier mal dezent aus - dachte nur: Ich liebe Bücher, die Natur, arbeite gerne aber nicht nur und mag kleine niedliche Fachwerkstädte oder kulturreiche Städte wie Granada und Cordoba und mache viel Sport. Ich mag spirituelle Gespräche, Gespräche über Geschichte, Bücher und Politik, gehe gern ins Theater und benutze Technik nur, wenn es sein muss. Lange Rede, kurze Wahrheit: Wir passten als Menschen nicht zusammen. So blieb es bei diesem Treffen und Mann Nummer 2 folgte einige Tage später. Optisch nicht Brad Pitt, aber von den Interessen klang er gut. Er berichtete von Reisen nach Zypern, Ausgrabungsstätten, sein großes Interesse für die alten Griechen, zeigte auf Fotos sein Faible für Triathlon und schien mir sehr nett zu sein. Ein wirklich netter Abend folgte sodann auch mit Gesprächen, die mich nicht langweilten und ihn wohl auch nicht. Eben nett! Er stellte sogar Fragen – eine anscheinend seltene Gabe bei Männern – und so ließ ich mich auf Treffen Nummer 2 ein, obwohl ich schon fühlte, den hätte ich gern als Bruder aber nicht in meinem Bett. Ich weiß, das klingt gemein. Aber ein Mann, der wirklich kein Gramm Fett auf den Rippen hat, Lippen, die nicht zu sehen sind und den ganzen Abend an einer Apfelsaftschorle nippt, ist eben auch nicht der Partner meiner Wahl für ein Leben zu zweit. Denn Genießen – ob Aperol Spritz oder ein gutes Essen – tue ich halt auch gern und mit einem Kohlehydrate zählenden Mann, der nur an sein tägliches Sportprogramm für seinen Triathlon-Wettkampf denkt, zu speisen, ist auf Dauer qualvoll und nicht meins. So wurde auch das zweite Treffen wirklich nett – ich überredete ihn sogar zu zwei Glas Wein!!! Doch spürte ich dann auch nach drei Stunden reden, dass sich über dieses nette Gefühl hinaus bei mir nichts regte. Ich bot ihm ehrlich eine Freundschaft an, doch er wünschte sich mehr, so trennten sich unsere Wege und Mann Nummer drei klopfte an meine Tür: 38 Jahre jung, längere Haare, Typ Soft-Rocker mit Tiefgang, so dachte ich, schrieb mich an und wir trafen uns abends zum Essen.

Ich fragte viel, kannte am Ende des Abends sein Leben, er von mir hingegen wusste nichts. Scheint viele Männer auch nicht wirklich zu stören. Keine Wertung – nur eine Erfahrungsbeschreibung! Dennoch: Von seiner Optik und seiner Offenheit angetan, trafen wir uns an einem sonnigen Spätsommertag erneut an der Elbe. Kennst du das? Du sitzt da neben jemanden und weißt irgendwann nicht mehr, was du sagen sollst? Es entsteht so eine bedrückende Stille, keine schöne zweisame, und man fragt sich: Wann kann ich endlich gehen? Nun, genauso fühlte ich mich nach ca. einer Stunde. Ich fragte und fragte, als Antwort kam wenig, als Frage noch weniger. Beim zweiten Treffen! Nur eines schien ihn sehr zu beschäftigen: Ob ich denn noch mit zu ihm komme – eine Frage, die er mir bereits am Ende des ersten Abends stellte und die mir, ehrlich gesagt, unangenehm aufstieß. Ich versuchte es wahrlich auf vielfältige Weise. Beispiel-Frage: „Macht dir denn dein Beruf Spaß?" Er: „Geht so." Frage: „Hast du denn beruflich ein Ziel oder einen Wunsch?" Er: „Nö." „Was hast du denn für Lebensziele, Pläne?" Er: „Keine. Ich lebe so vor mich hin." Von politischen, geistreichen oder spirituellen Themen sah ich ebenfalls sehr schnell ab. Zu ernüchternd war das Achselzucken, das „keine Ahnung" oder „habe ich mich noch nie mit beschäftigt". Auch auf der Suche nach seinen Themen, Hobbies, Leidenschaften (außer anscheinend Poppen siehe oben) scheiterte ich kläglich. So setzte ich mich dann nach zwei wie mir schien ewig langen Stunden in mein Auto und während er noch hoffte, beim dritten Treffen endlich zum Zuge zu kommen, war ich sicher, diesen Mann nie wieder sehen zu wollen. Nun: Im Gegensatz zu meiner Freundin Karin, die nur von vermeintlichen Fieslingen berichtet, kann ich das nun wirklich nicht behaupten. Nett und willens waren sie alle. Und allen dreien wünsche ich von Herzen die richtige Frau für sie. Nur der Richtige für mich, der fehlte. Oder nicht? Habe ich vielleicht einfach zu hohe Erwartungen? Ach ja, die Erwartungen – sie sind der größte Feind des Menschen...

Bei einem Spaziergang durch den Wald dachte ich eines Tages mal wieder an das wundervolle Buch „Gespräche mit Gott". Gott sagt darin: Es ist egal, mit wem du liiert bist, es kommt nur darauf an, wer du bist und wen du in dir erschaffen willst. Wer will ich also sein? Der größte Fehler der Menschen sei es, so Gott in dem Buch, dass sie in einer romantischen Beziehung immer auf den anderen schauen, statt auf sich selbst. Sprich: Eine Beziehung ist eine Gelegenheit zum eigenen Wachstum. Wenn du erschaffst, wer du wahrlich bist (Liebe, Mitgefühl, Verständnis, Dankbarkeit, Freude), dann gehst du den „richtigen", den geraden Weg ohne Kurven. Alles andere ergibt sich von allein. Mir fiel es plötzlich wie Schuppen von den Augen. Denn auch in all den Monaten jetzt hatte ich doch immer wieder an meinen „Höllenmann" Jan gedacht, den Mann, den ich eigentlich seit über sieben Jahren liebte. Schaute ich stets zu viel auf ihn? Ja! Es ging um mich, wer ich bin, wer ich sein will. Jeder andere Mensch bietet dir lediglich die Möglichkeit, dein höchstes Selbst (Liebe, die nichts erwartet!) zu sein. Nicht mehr und nicht weniger. Und: Was schallt aus dem Wald heraus, wenn ich mein höchstes Selbst – verständnisvolle, mitfühlende Liebe – hineinrufe?

Ich merkte bereits im Supermarkt oder bei Spaziergängen mit meinem Hund, wenn ich lächelnd innerliche Dialoge mit Gott führte, wie anders mir die Menschen begegneten, wie anders es aus dem Wald schallte. Ich wurde und werde dann freundlich gegrüßt, erhalte ein Lächeln zurück, ein wohlwollendes Wort oder einen netten Satz. Denn: Wir sind alle eben nur Energie. Wer positive Energie verströmt, der erhält auch positive Energie zurück. Es entsteht ein Fluss, den man bewusst spüren kann, wenn man sich mal darauf einlässt – wie man übrigens genauso auch negative Energie eines Menschen sofort erfühlt. Intuitiv ziehen wir uns dann zurück oder senden negative Energie zurück, die uns gar nicht entspricht. Doch schaffen wir es in dem Moment, dies nicht zu tun, sondern innerlich hellwach weiterhin positive Energie zu senden, so ist es wie zwischen Luke Skywalker und Darth Vader, ja, lach ruhig, aber so ähnlich ist es. Und wer gewinnt stets am Ende? Der Gute! Gott sei Dank!!! Oder: Möge die Macht mit euch sein!

Übrigens: Diese Energie, die wir sind, können wir leicht erfahren. Mach doch einfach mal folgendes wundervolle Experiment: Schließ die Augen. Halte deine Hände mit den Handflächen geöffnet vor deinen Körper, so als würdest du beten, nur ohne die Finger zu verschränken. Dann nimmst du die Hände langsam ein Stück auseinander, so zehn Zentimeter, und immer noch zeigen die geöffneten Handflächen zueinander. Dann konzentrierst du dich auf deine Hände weiterhin mit geschlossenen Augen und führst sie ganz langsam näher aneinander und wieder auseinander. Du wirst den Energiestrom zwischen deinen Händen spüren, du kannst auch mit ihm spielen, Kreise mit den Händen machen. Die Energie ist klar zu fühlen, sie strömt zwischen uns, in uns und aus uns. Ein wundervolles Gefühl. Diese Energie kannst du auch gut spüren, wenn du deine Hand über bestimmte Kristalle hältst. Manche Steine verströmen starke Energie, andere weniger, manche keine. Wundervolle Energie kannst du auch erfahren, wenn du in einen Wald gehst und einen Baum umarmst oder den auch nur berührst. Leg einfach beide Hände auf einen Baum, der dich intuitiv anspricht, schließe deine Augen und du wirst einen Energiestrom wahrnehmen. Mal fließt die Energie in dich hinein, mal nimmt auch der Baum deine Energie auf, das ist unterschiedlich und klar erfahrbar. Wenn du dich weiter auf den Baum konzentrierst und zum Beispiel zu ihm sagst: Du und ich wir sind eins, dann zeigt dir der Baum auch seine Aura, die in verschiedenen Farben zwischen deinen Augenbrauen im sogenannten dritten Auge innerlich sichtbar wird.

Apropos Farben: Ist dir schon mal aufgefallen, dass negative Dinge, wie der Energiestrom von Darth Vader zum Beispiel, immer rot sind? Ich denke auch an rote Ampeln, Feuer. Angst wird rot symbolisiert. Rot steht oft für Gefahr! Vorsicht! Achtung! Nicht machen! Interessant dabei ist, dass auch die Farbe der Liebe Rot ist – wie unpassend, oder? Herzen sind immer rot – sie sollten aber, finde ich, grün sein! Grün ist die Farbe der Hoffnung, der Natur, der glückseligen Gelassenheit. Ich male nur noch grüne Herzen! Denn Symbolik macht viel mit unserem Gehirn. Wenn Rot für Achtung Gefahr steht, die Liebe aber auch, dann heißt das für unseren Kopf somit: Achtung, du verliebst dich, es droht Gefahr! Nein, nein, nein! Die Liebe ist grün – zumindest für mich…

Doch dies nur am Rande. Wobei die Liebe ja immer die Hauptrolle spielt in jedem Leben, in jeder Inkarnation. Und so versuche ich mich bei jeder menschlichen Begegnung zu fragen, gerade auch bei den vermeintlich unwichtigen, gedanklich oder auch laut: Was kann ich für DICH tun? Wie kann ich dich glücklich machen? Wie kann ich dir helfen? Denn immer hilfst du dir mit dieser Frage auch selbst. Geben ist Nehmen. Und Nehmen ist Geben. Wir sind alle eins! Wir sind eine Seele.

Und wie ging mein Weg weiter?

Ich meldete mich bei Jan per Email. Wie es ihm denn ginge, fragte ich ihn mit offenem Herzen. Ob man sich nicht einfach so mal freundschaftlich treffen wolle, fragte ich mit Worten. Tatsächlich wollte er mich sofort sehen und bereits am nächsten Tag saßen wir in „unserem" Bistro und schauten uns schwer verliebt in die Augen. Er erzählte von den vergangenen Monaten, ich erzählte - es war egal, was wir erzählten. Unsere Blicke verrieten alles. Die Innigkeit. Die Freude. Die Liebe. Am Ende küssten wir uns wie Teenager vor dem Lokal und spätestens da erinnerte ich mich, dass Liebe einfach Liebe ist. Sie fragt nicht. Sie ist einfach. Natürlich hielten wir unsere erneute Beziehung geheim, wussten, jeder in unserem Umfeld würde uns für irre erklären (und wir schlossen uns damit durchaus ein!). Wir trafen uns also heimlich und gingen miteinander um, wie es nur Frischverliebte tun, die vorsichtig und umsichtig nichts kaputt machen wollen. Unser erstes Wochenende dann – es war ein verlängertes 3.Oktober-Wochenende – war einfach nur zauberhaft. Dabei hatte ich eine schwere Mandelentzündung ausgerechnet an dem Samstag bekommen und bin sonst nie krank.

Aber da trafen doch wieder mal meine göttlichen Weisheiten zu: Es geht nicht darum, was im „Außen" geschieht, es geht immer nur darum, wie du es erfährst, was du daraus erschaffst. Wie empfinde ich die Situation? Wie bewerte ich meine Lage? Wie will ich die Dinge erfahren? Und mein Süßer kümmerte sich rührend um mich. Wir lagen gefühlt drei Tage nur im Bett und streichelten uns und das Leben war schön, trotz Schmerzen und heftiger Schluckbeschwerden. Ja, das war so ein Wochenende, von dem man sein Leben lang zehrt als Paar. Vor allem dann, wenn wieder andere Zeiten kommen, weil man gerade mal wieder vergessen hat, vernebelt ist, wer man eigentlich ist: Liebe. Verständnis. Mitgefühl. Dankbarkeit. Freude.

Da ich schon einige Wochen später Geburtstag hatte, klappte unser Versteck-Spiel nicht so lange. Doch es war uns egal, was die anderen sagten. Wir redeten und redeten und stellten beide fest, dass wir uns wirklich weiterentwickelt hatten. Er ruhte mehr in sich selbst und ich sah nicht länger immer nur auf ihn, sondern fragte mich stets: Wer bin ich? Wen will ich erschaffen gerade jetzt? Ich sah auch meine Grenzen, die ich zuvor hatte, das erste Mal. Ich war nie fähig gewesen, wirklich Liebe ganz offen zu schenken – außer meinem Sohn und meinen Eltern. Und meinem Hund. Aber einem Mann? Zu sehr war ich durch meine erste große Liebe Patrick verletzt worden – keine Schuldzuweisung wohlgemerkt. Ich empfand es damals eben so! Sieben Jahre waren wir, mit Anfang 20, zusammen gewesen, mit 16 hatten wir uns kennengelernt. Er war mein erster Mann in allen Bereichen. Für ihn wäre ich damals in die Elbe gesprungen und doch – ja, auch ihm gab ich mich nicht wirklich hin. Ich schaute auch damals immer nach rechts und nach links und so zog sich das mit der Männerwelt über viele Jahre nach ähnlichem Schema dahin. Alle Beziehungen hielten einige Jahre lang – mal zwei, mal fünf, mal sieben, mal neun Jahre – doch war ich all diesen Männern nie treu. Mit Treue meine ich nicht den klassischen Seitensprung, denn reiner Sex ohne Liebe interessierte mich nie. Mehr inspirierte mich das Fremd-Küssen, das Flirten, das Um-sich-weitersuchen, ob sich nicht doch noch etwas „Besseres" findet. Entschuldigung an dieser Stelle an alle Männer, die mit mir zusammen waren, ich weiß, ich wurde immer sehr geliebt, war zum Teil sogar die große Liebe. Und doch schien in mir immer etwas ruhelos weiterzuschauen. Und die Angst in mir, nicht mehr spannend und interessant genug zu sein für die Männerwelt, bewog mich dazu, mich stets rar zu machen, nie „zu viel" von mir zu geben, möglichst selten „Ich liebe dich" zu sagen, wenn überhaupt! Eigentlich quetschte ich nur hin und wieder ein „ich dich auch" heraus!

Und bei Jan? Auch bei ihm machte ich es in der ersten Zeit nicht anders, warum viel zwischen uns zerbrach. Und doch können und wollen wir nicht mehr ohne einander sein. Zum ersten Mal begreife ich, dass mir nichts geschehen kann, wenn ich Liebe gebe, sage, fühle. Denn ich bin Liebe. Wir sind göttliche Liebesenergie, die nie vergeht und alles umfasst. Das spürt nun auch Jan, weinte sogar deswegen, denn jetzt schenke ich ihm diesen Satz „Ich liebe dich" sehr gerne, wenn ich ihn fühle. Ich liebe dich - das zu fühlen und das Gefühl auch zu schenken, ist ein göttliches Geschenk - das ist Erfüllung.

Epilog:

Und da bin ich nun. Und lächle. Vielleicht schreibe ich noch ein weiteres Buch, ein Buch über die 12 Monate danach. Denn inzwischen sind auch diese vergangen und so viel Wundervolles ist geschehen. Nur so viel vorab: Ich gehe den Weg zurück zur Quelle und meinem hohen Selbst weiter. Und durch die Inspirationen, die mir meine Seele schenkt, geschehen immer wieder phantastische Dinge und ganz neue Wege tun sich auf. Wenn wir uns in jedem Augenblick daran erinnern, dass wir nichts anderes sind als Liebesenergie, als Lichtenergie, eins mit allem was ist, dann kann uns nichts mehr geschehen. Jede Seele ist ein Teil der göttlichen Quelle, somit sind wir in Wahrheit (Seelenebene) vollkommen. Wir haben alles und sind alles – wenn wir uns daran erinnern.

Manchmal erhalte ich nachts Eingebungen vom Universum. Zum Beispiel sagte es mir, dass ich dieses Buch schreiben soll. Ich wollte nie ein Buch schreiben, wozu? Aber eines Nachts sagte eine Stimme in mir: Setz dich an den Computer und schreib! Und ich schrieb los – oder besser gesagt: ES schrieb los. Wie ein Wirbelwind fegten meine Finger über die Tasten und es schrieb aus mir heraus. Unfassbar.

Wir glauben so oft, unser Verstand weiß alles, erklärt alles, führt uns überallhin. Ich denke heute: Die Intuition, das tiefste Gefühl in uns, das wir bejahen, das Liebe ausstrahlt, führt uns sehr viel weiter. Ein Japaner würde denjenigen wohl einen Dummkopf nennen, der vor allem auf seinen Verstand baut. Er baut viel mehr auf sein Hara, sein Bauchgefühl, sein Seelengefühl. Dieses tiefe Wissen in uns, dieses Gefühl, führt uns nach Hause, es führt uns in die Glückseligkeit, es führt uns zurück zu uns Selbst. Was sind dagegen schon Geld und Macht? Oder irgendwelche Dinge, die wir anhäufen, uns wünschen. Was sind dagegen unsere Sinne, die uns immer wieder täuschen und auf Irrwege führen, weil wir meinen, dieses oder jenes im Außen würde uns das Glück bescheren. Das tut es nicht. Niemals! Und: Ist das, was wir sehen, wirklich das, was ist? Matthias Claudius hat in dem Lied „Der Mond ist aufgegangen" eine wundervolle Zeile geschrieben: Seht ihr den Mond dort stehen, er ist nur halb zu sehen und ist doch rund und schön. So sind wohl manche Sachen, die wir getrost belachen, weil unsre Augen sie nicht sehn.

Ich bin endlich aufgewacht (naja, häufiger wach zumindest) und ich gehe meinen Weg weiter. Voller Glück. Voller Freude. Voller Liebe. Diesen Weg wünsche ich jeder Seele, jedem Geist, jedem Körper, hier auf Erden von ganzem Herzen. Und auch wenn ich manchmal Umwege gehe, weil ich all das oben Geschriebene kurz mal wieder vergessen habe, so führt eine Kurve doch wieder auf den Pfad nach Hause zurück. Und auch Kurven haben ihren Sinn und können als spannend empfunden werden!

Was übrigens dabei hilft, seinen inneren Weg wirklich zu finden und weiterzugehen, ist Meditation. Ich meditiere heute mehrmals die Woche, manchmal weine ich vor Glückseligkeit, weil mir das Universum so wundervolle Antworten gibt, ich mich von ihm umarmt fühle. Mein Weg ist der einer Heilerin. Auch das wurde mir gesagt. Durch Reiki erhielt ich zusätzliche Energie, Heilkraft zu schenken und dieses Gefühl, anderen zu helfen – ob Tier oder Mensch – ist wundervoll. Manchmal, so weiß ich heute, sind es unerlöste Seelen, die uns besetzen, krank machen, physisch oder psychisch. Die uns sogar in eine Schockstarre versetzen. Kennst du das Gefühl, alles geht schief und man weiß nicht mehr weiter? Du hast nur noch sogenanntes Pech? Du raunst andere an und denkst innerlich „was sage ich da bloß gerade?" - das kann ein sogenannter böser Geist sein, eine unerlöste Seele, die uns abhält, unser wahres Selbst zu sein. Diese Seelen schicke ich, wenn ich ihre Anwesenheit spüre, zurück zur Quelle über eine Brücke des Lichts. Ich weiß, der eine oder andere runzelt jetzt skeptisch die Stirn oder lacht - hätte ich vor einem Jahr auch noch getan. Aber es wirkt! Ich, Skeptikerin, bekam einfach genug Beweise. Schon viele Male hat diese Energie inzwischen geholfen, waren Freunde dankbar für die Hilfe, fühlten sich Tage später wie befreit. Wenn wir bedenken, dass wir alle „nur"

Energie sind und wir uns gegenseitig durchströmen, ein Lichtnetz sind, dann ist diese heilende Kraft nur ein-leuchtend (kleines Wortspiel). Wenn wir uns auf andere Menschen und uns selbst einschwingen energetisch, dann können wir auch helfen. Jeder kann das. Ob wir nun einen „bösen Geist" in seine Sphäre zurückschicken, die Hände an Stellen auflegen, die weh tun oder geistig, gedanklich Menschen/Tieren Kraft senden – es funktioniert. Weil wir eben EIN Netz sind. Ein Puzzle aus lauter kleinen Teilchen. Wir sind lauter kleine Wellen eines Meeres.

In meinen Interviews mit Prominenten habe ich schon häufiger Erlebnisse gehört, die für viele Menschen merkwürdig klingen. Eine Sängerin aus Süddeutschland zum Beispiel erzählte mir, dass sie ihr toter Vater vor einer schlimmen Krankheit warnte. Immer wieder fiel sein Bild von der Wand. Sie wusste, er will sie warnen. Er wollte ihr dadurch sagen, dass etwas nicht stimmt. Gott sei Dank vertraute sie ihrer inneren Stimme. Sie ertastete unter der Dusche dann einen Knoten, ging zum Arzt, der sie aber wieder wegschickte – „da ist nichts", sagte die Frauenärztin. Aber sie ließ nicht locker. Der nächste Arzt fand auch nichts, schickte sie aber zum MRT. Dort sah man zwei Knoten: Es war Krebs. Der Geist ihres Vaters rettete ihr das Leben – so könnte man das zumindest betrachten.

Eine Schauspielerin, inzwischen leider verstorben, sah zum Ende des zweiten Weltkrieges ein helles, riesiges Kreuz am Himmel, das nicht zu erklären war. „Es war Vollmond und durch den Mond durch schien etwas wie ein riesiges Strahlenkreuz. Es war ein senkrechter und auch ein waagerechter Balken aus Licht klar zu sehen - wie kam der waagerechte bitte zustande? Den senkrechten hätte man noch erklären können, dass der vielleicht von Suchscheinwerfern kam, die damals von unten in den Himmel manchmal strahlten. Aber der waagerechte war gar nicht möglich!", sagte sie mir in einem Interview. „Und dieses Kreuz stand die ganze Nacht lang am Himmel. Es wanderte vom Süden nach Osten, ich erfuhr dann später, dass 37.000 Kriegsgefangene dieses Kreuz gesehen haben im

Norden Deutschlands, die von dort in die Kriegsgefangenschaft gingen. Es lässt sich nicht mehr wegdiskutieren. Dieses Kreuz gab es wirklich und es war ein Himmelszeichen." Alle im Ort hätten nach oben gestarrt voller Verwirrung, sagte sie mir.

Ein Schauspieler aus München hatte einen schlimmen Motorradunfall. Ohne die Hilfe eines Schamanen, der seine Chakras wieder in Ordnung brachte und – O-Ton – „meine negative Energie auskotzte" und dafür sorgte, „dass mein Geist wieder fließt, dass mein Körper wieder eins wird", würde wohl ohne den Schamanen heute noch ein taubes Bein haben. Sämtliche Ärzte konnten ihm nicht helfen. Bis zu dem Besuch bei dem Schamanen habe er in dem einen Bein nichts gespürt. Doch bereits nach der ersten Sitzung habe er ein leichtes Kribbeln in seinen Zehen gespürt. Dann war er noch drei, vier Mal bei ihm und es ging ihm besser.

Ein Star-Trompeter aus Süddeutschland hat schon vielen Menschen durch Handauflegen geholfen, pendelt vorher deren „Probleme" aus. Alles Humbug? Wohl kaum.

Manchmal höre ich inzwischen durch die Öffnung meines inneren Kanals nach oben auch Stimmen, die mit mir sprechen. Ob im Schlaf, in der Meditation oder auch beim Laufen durch den Wald, meiner Energiequelle. Es kommen Antworten und Hilfestellungen. Auch Engel berührten mich bereits in meiner Meditation, streichelten mir die Wange. Es war so genau fühlbar, als hätte ein „realer" Mensch mich berührt. Das schönste Erlebnis jedoch hatte ich eines Nachts. Wir waren in Andalusien am Atlantik und ich wünschte mir sehnlichst, da ich das Meer sehr liebe, das Einssein mit dem Atlantik tief in mir zu spüren. Und diese Erfahrung wurde mir dann nachts „im Traum" tatsächlich geschenkt. Ich war eins mit dem Ozean, fühlte seine Qual, den ganzen Plastikmüll, aber auch die unendliche Weite, Tiefe und Stille. Es berührte mein Herz so sehr, dass sich dieses Geschenk nicht in Worte fassen lässt. Es war sagenhaft.

Ein Medium sagte mir, ich werde mit Toten sprechen können. Das Thema „Besetzung" durch Geister (gute wie auch böse) sei das meine. Die eigene Bestimmung zu finden und einfach zu SEIN, ist der Sinn des Lebens. Zumindest für mich. Die Liebe zu sein, die wir sind! Dies zu wissen, zu erfahren und dann zu sein, ist Erfüllung. Wir sind hier, um unsere Göttlichkeit, unser Licht, zu ERFAHREN. Denn das geht nur hier in der Dualität der Erde. Und sich daran immer wieder zu erinnern, und sei es nur für eine Stunde am Tag, ist herrlich. Pure Seligkeit.

Wir Menschen befinden uns so oft im „Tun"-Modus, heißt: Unser Verstand kreiert lauter Aufgaben für uns, die wir bewältigen sollen (arbeiten, putzen, Sport machen, dann muss ich dies tun, dann das und, und, und...). Das sind die Dinge, die uns von unserer wahren Aufgabe abhalten. Doch wann befinde ich mich im „Sein"-Modus? Wenn ich innehalte und tief in mich hineinhorche und frage, was mich jetzt gerade wirklich glücklich macht und der Stimme folge. Sich im „Sein"-Modus zu befinden, heißt also nicht zwingend, Omsprechend im Schneidersitz zu hocken oder nichts zu tun. Doch wenn ich dann etwas tue, entspringt es der Seele, dem Herzen. Das ist der entscheidende Unterschied. Und das ist glück-selig machend. Somit kann auch die Arbeit, Sport, putzen aus dem „Sein"-Modus entspringen, nämlich in dem Moment, wenn du tief in dir fühlst, dass dir das, was du gerade tust, wirklich große Freude bereitet. Und um noch einen Schritt weiter zu gehen – du kannst natürlich auch jede Tätigkeit als selig machend EMPFINDEN, denn du bist ja der Schöpfer deiner Empfindungen. Doch wirklich alles als wundervoll und wertvoll zu fühlen auf der menschlichen Ebene, ist zugegebenermaßen gaaanz schön schwer. Schmerz, Leid, Kummer tun erst mal weh. Darin sogleich etwas Wundervolles, Wertvolles zu sehen, ist eine Herausforderung. Oder zum Beispiel an einer vermeintlich stupiden Aufgabe große Freude zu entwickeln. Aber es geht. Die Frage ist immer nur: Was machst du daraus? Einen Unfall, einen Schicksalsschlag, kannst du vielleicht nicht beeinflussen, aber die Empfindung dazu schon. Also: Wirf die alten Bewertungen, Glaubenssätze (Schmerz ist schlecht, Reichtum ist toll zum Beispiel), mit denen wir groß wurden, über Bord. Lass sie im Meer versinken und widme dich dem neuen Pfad. Dem „Alles hat einen göttlichen, liebevollen Sinn"-Pfad. Ja, es ist ein weiter Weg – den es sich aber unbedingt zu gehen lohnt, denn schon diesen Weg zu gehen, ist wahrhaft erfüllend. Es ist das Glück, das in dir wohnt.

Ich wünsche uns aus tiefster Seele den Mut und die Offenheit, den eigenen, inneren Weg zu suchen und zu gehen. Lassen wir uns nicht von außen beirren. Die tiefe, liebevolle Stimme in unserem Innersten sagt uns klar und deutlich, wer wir sind und was unser Weg ist. Und sollte der innere Kanal „verstopft" sein, dann bitte innerlich tief um Hilfe. Bitte um die Hilfe der aufgestiegenen Meister und Meisterinnen. Bitte um die Hilfe aller Heiligen und Lichtwesen, aller Engel und der Quelle allen Seins und allen Lichts. Die Hilfe wird kommen. Früher oder später. Ganz sicher! Und: Wer singt oder tanzt, der hat keine Angst – nur mal so zum Ausprobieren. Solltest du mal Angst verspüren, wie wäre es dann mit dem wundervollen Lied „Love is in the Air" von John Paul Young – grandioser Text! Wer diesen Text vor sich hinsingt – laut oder tonlos in sich – kann einfach nur lächeln und voller Liebe sein...

Es gibt den schönen Satz: Stell dir vor, es ist Krieg und keiner geht hin! Ich meine: Stell dir vor, wir wären alle vollständig erwacht, dann gäbe es nicht mal die Idee, den Gedanken, eines Krieges.

Das Paradies ist immer da, wo du sein willst. Und wo du sein willst, obliegt immer deiner Gedanken. Also: Erschaffe in dir und um dich dein Paradies – weil du es kannst!

P.S. Wer sich noch inniger mit seiner Spiritualität befassen möchte und schon jetzt eine Stimme in sich hört, die um mehr Input bittet, dem empfehle ich das Buch von Eva-Maria Ammon zu lesen: Tatort Jesus: Mein Neues Testament (Smaragd Verlag, 336 Seiten). Für mich war dieses Buch höchst bewegend, so dass ich weinen musste. Ich fühlte wirklich tief in mir: Genau so war es wirklich! So und nicht anders!

Wie heißt es immer in „Star Wars"? Möge die Macht mit dir sein. Ich sage: Möge das Licht, die Liebe, mit uns sein. Mögen wir uns alle daran erinnern, dass wir das Licht, die Liebe, dass wir göttlich, sind!

Ich möchte dieses Buch mit einem Dankesgebet beenden, das ich häufiger gedanklich spreche. Nicht immer gleich, aber immer ähnlich – und wem das hier jetzt zu spirituell wird: Es steht jedem frei, dieses Buch jetzt aus der Hand zu legen oder weiterzulesen. Schön, oder? Was möchte die kleine Stimme in dir?

Danke, himmlischer Vater, göttliche Mutter, Quelle allen Seins und allen Lichts für diesen weiteren Tag. Ich danke dir, dass du mir auch heute wieder die Möglichkeit schenkst, mich daran zu erinnern, wer ich bin – eins mit dir! Eins mit allem, was ist. Ich bin die Liebe, das Licht der Quelle, und ich schenke all die Facetten von Liebe, die in mir sind, an uns. Ich danke dir, dass es mir so gut geht. Durch dich bin ich vollkommen und göttlich und werde es immer sein. Meine Seele, mein Geist und mein Körper sind in Wahrheit eins. Eine wundervolle, kosmische Energie. Ich danke dir für jeden Augenblick, in dem ich selbst-bewusst und somit Liebe bin. Ich danke dir, dass ich durch dich nichts brauche, nichts muss und nichts erwarte. Denn ich bin bereits alles, habe alles und schenke alles. Ich danke dir, dass du mich ewig mit deinem Licht durchströmst. Ich danke dir, dass ich durch dich immer kern-gesund bin, denn du bist mein Kern. Ich danke dir für die Dualität in dieser Traum-Welt, die du erschaffen hast, damit wir unsere Göttlichkeit erfahren können. Immer wieder dürfen wir uns hier daran erinnern, wer wir sind: eins mit dir. Somit gibt es in Wahrheit nichts Böses, nichts Schlechtes, nichts Falsches, denn alles hat seinen Sinn. Alles sind wunderbare Erfahrungen, die uns weiter zu uns nach Hause führen, mal schneller, mal langsamer. Ich danke dir, dass mir in Wahrheit nichts geschehen kann, denn wir sind ewig eins. Ich danke dir, dass du mich erleuchtest und mir immer wieder den Weg nach Hause zeigst. Durch dich bin auch ich der Weg, das Licht, die Liebe, die Freude und das Leben. Ich danke dir für das Seelenwissen in mir, dass hier nichts wirklich ist, diese Welt ist dein göttlicher Traum und wir sind deine Träumer. Wir können hier in Wahrheit nichts verlieren und nichts gewinnen, „nur" unsere Göttlichkeit immer wieder erfahren. Ich erfahre dich durch all meine Gedanken, Gefühle, Worte und Taten, die ich in jedem Moment voller Liebe erschaffe. Ich danke dir, dass ich durch dich barmherzig und warmherzig bin. Durch dich bin ich gütig und gnädig. Durch dich bin ich vollkommen und göttlich. Ich danke dir, dass ich durch dich ehrlich und treu bin, geduldig und mutig, verständnisvoll. Durch dich bin ich tröstend und einfühlsam, durch bin ich heilend, denn ich bin durch dich geheilt und heilig. Durch dich bin ich selig, denn ich bin durch dich beseelt und selig machend. Durch dich bin ich unendlich reich und bereichernd. Ich danke dir, dass ich durch dich ein spirituelles Wesen bin, durch dich inspiriert und ich schenke uns durch dich alles, was ich bin. Durch dich bin ich aufbauend und unterstützend, helfend und hilfsbereit. Durch dich bin ich fürsorglich und herzlich. Durch dich bin ich voller Frieden und Vertrauen, offen-herzig, offen-selig. Durch dich bin ich glück-selig und liebes-selig. Durch dich bin ich hingebungsvoll und rücksichtsvoll, schön, vital, gesund und kraftvoll. Durch dich bin ich fit und voller Energie, klug und intelligent. Durch dich bin ich wissend und weise und weiß, dass ich eigentlich nichts weiß. Ich danke dir göttliche Mutter, dass ich durch dich willensstark, selbst-bewusst und selbst-beherrscht bin und all das schenke ich uns. Durch dich bin ich erschaffend, kreativ, ideenreich und phantasievoll. Durch dich bin ich positiv, hoffnungsfroh, annehmend, optimistisch. Durch dich bin ich ewig frei und ich schenke uns deine/meine Freiheit. Durch dich bin ich voller Freude, frohlockend, beschwingt. Durch dich bin ich glücklich, zufrieden, lachend und lächelnd. Ich danke dir, dass du mich niemals aufgibst und mich immer und immer wieder daran erinnerst, was wirklich wichtig ist – alles, was wichtig ist, ist bereits in mir und es geht in jeder Sekunde nur darum, sich daran zu erinnern. Nur wenn ich mich daran erinnere, dass ich alle Facetten von Liebe wie oben beschrieben bin, bin ich wahrhaftig und laufe nicht vernebelt, verblendet, verdunkelt durch mein Ego geführt durch diese Welt. Ich bin dann furchtlos und das ist es, was ich in Wahrheit bin - wenn mein Ego, der Chaos-Regent, nicht mein Sein regiert. Ich danke dir, mein kosmischer Geliebter, für jeden Augenblick, in dem ich mich daran erinnere und ich danke dir für deine Hilfe. Ich danke dir für das Seelenwissen, dass ich in Wahrheit überall dich sehe, höre, rieche, schmecke und berühre. Denn du bist der Schöpfer und die Schöpfung. Du bist alles, was lebt. Du bist jeder Baum, jede Blume, jeder Fluss. Du bist der Himmel und die Erde. Du bist das Meer und jeder Stein. Du bist jedes Tier und jeder Mensch. Du bist jeder Stern, der Mond, die Sonne und der Regen. Du bist der Wind und die Windstille. Du bist die Luft, die ich einatme. Immer bist du es, mal verkleidet als Mensch, mal verkleidet als Baum oder Tier, den ich streichle, meine Liebe schenke, helfe, umarme, anlächle, unterstütze. Immer bist du es, der mir jede Erfahrung nur aus Liebe schenkt, egal wie diese aussieht. Alles, was ich gebe, das nehme ich zugleich. Alles was ich einem „anderen" Menschen gebe, gebe ich gleichzeitig dir und mir. Es gibt also nichts zu verlieren und nichts zu gewinnen. Immer und immer wieder darf ich nur dich erfahren – und somit mein wahres „Ich bin" erfahren. Und in diesem göttlichen Spiel darf und kann ich immer und immer wieder alles spielen, haben, tun, denken, sein, fühlen. Du bist immer da. Und immer hier. Ich danke dir, dass das Leben durch dich so schön ist. Wir sind das Leben. Wir sind schön. Ich wähle, was sich zeigt, denn immer bist du es, der mir Dinge und Menschen zeigt. Uns kann nichts geschehen. Denn du bist da. Du bist in mir. In uns. Wir sind Gott. Wir sind Liebe.

Amen – Namaste

Zeitfracht Medien GmbH
Ferdinand-Jühlke-Straße 7
99095 Erfurt, Deutschland
produktsicherheit@kolibri360.de